Glück finden

„Ich will endlich ankommen...“

Wie du dich aktiv für ein glückliches Leben im Hier und Jetzt entscheidest

Stefanie Lorenz

Geschenk #1

Zitatesammlung

Gratis-Bonusheft!

Mit dem Kauf dieses Buches hast du ein kostenloses Bonusheft erworben. Dieses steht nur eine begrenzte Zeit zum Download zur Verfügung.

Das Bonusheft beinhaltet eine Sammlung an schönen, motivierenden und auch Mut gebenden kleinen Geschichten und Zitaten. Diese werden dich beim Lesen und auf deinem täglichen Weg zu einem erfüllten Leben begleiten. Sichere dir das Bonusheft noch heute!

Alle Informationen, wie du dir schnell das gratis Bonusheft sichern kannst, findest du am Ende dieses Buches.

Geschenk #2

Entspannung im Alltag

Mit dem Kauf dieses Buches hast du noch ein weiteres Bonusheft erworben.

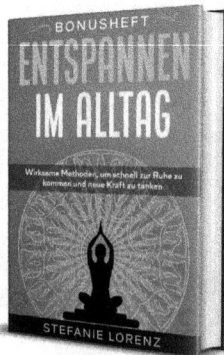

In diesem Bonusheft findest du verschiedene Entspannungsmethoden, Meditationsideen und Affirmationen, die dich darin unterstützen können, wieder zu dir selbst zu finden. Sichere dir das Bonusheft noch heute!

Alle Informationen, wie du dir schnell das gratis Bonusheft sichern kannst, findest du am Ende dieses Buches.

Inhaltsverzeichnis

Einleitung

Glück – ein kleines Wort mit großer Wirkung und viel Strahlkraft. Wer von uns sehnt sich nicht nach dem einen, großen Glück?

Wir bekommen Glückwünsche anlässlich wichtiger Ereignisse, wie der Geburt eines Kindes, einer Beförderung oder einer Eheschließung. Wir wünschen Glück beim Übergang von einem Jahr in ein neues und wir wünschen denen Glück, die eine wichtige Prüfung vor sich haben, ein Bewerbungsgespräch oder eine Operation.

Fast jeder von uns hat einen kleinen Glücksbringer, der entweder daheim über das häusliche Glück wacht, in Form eines Pilzes oder Hufeisens am Schlüsselbund baumelt oder uns in einer anderen Form als Talisman begleitet, der uns in wichtigen Momenten vor Unglück schützen und mit Glück bedenken soll. Nur die wenigsten von uns glauben wirklich daran, dass ein Marzipanschweinchen oder ein Hufeisen in Miniaturform zuverlässige Quellen des Glückes sind. Und trotzdem freuen wir uns wie kleine Kinder, wenn wir beim Picknick ein Kleeblatt mit vier Blättern entdecken, uns beim Spaziergang ein Glückspfennig vom Kopfsteinpflaster aus anlacht oder uns ein Schornsteinfeger über den Weg läuft und freundlich grüßt.

Glück – das wirkt irgendwie magisch und anziehend. Und es beschäftigt seit jeher die klugen Köpfe verschiedenster Nationen und Kulturen. Mittlerweile gibt es sogar Glücksforscher, die das „flüchtige Etwas" erforschen. Sie beschäftigen sich damit, was Menschen glücklich macht und was ihnen hilft, diesen Zustand zu kultivieren.

Auch die großen Philosophen und Schriftsteller haben sich mit diesem Thema befasst: Sie haben bewegende und heitere, Mut machende und sinnierende Texte zum Thema Glück verfasst.

1

Eines der passendsten und universell gültigen Zitate zum Thema Glück wird Voltaire zugeschrieben:

„Ich habe entschieden, glücklich zu sein, weil es meiner Gesundheit bekommt."

Und genau mit dieser Einstellung wirst du herzlich willkommen geheißen in diesem Buch.

Es soll dir ein leichter, positiver Ratgeber sein, wie du den Weg zu deinem persönlichen Lebensglück finden und leben kannst; besonders durch den Fokus auf das Hier und Jetzt.

Ganz gleich, ob du dich schon lange mit dem komplexen Thema Persönlichkeitsentwicklung befasst, oder ob du erst am Anfang deiner Reise stehst: Dieses Buch soll dir eine unterstützende Begleitung auf deinem Weg sein.

Stehst du an einem Punkt, wo du dich bereits ausgiebig mit Persönlichkeitsentwicklung beschäftigt hast und die großen Themen zur Verarbeitung schon angegangen bist, werden dir in diesem Buch Möglichkeiten aufgezeigt, wie du nach dieser Arbeit nun deinen Fokus auf das Leben im Jetzt ausrichten kannst. Du hast deine großen Fragen geklärt, alte Stacheln gezogen und stellst dir jetzt voller Tatendrang neue Fragen, wie du dein Leben jetzt so gestalten kannst, dass es dich erfüllt? Wie du dich dafür entscheiden kannst, im Jetzt glücklich zu sein? Was es dazu braucht und wie man es sich erhält?

Dann findest du auf den folgenden Seiten nicht nur jede Menge Inspirationen, sondern auch ganz konkrete Tipps und Vorschläge, wie du das Glück in dein Leben holst.

Gehörst du zu denjenigen, die noch am Anfang stehen und bist du dir unsicher, ob dieses Buch das Richtige für dich ist? Herzlich willkommen! Auch du kannst von der Arbeit mit diesem Buch profitieren – denn die Hinwendung zum Positiven ist immer wunderbar befreiend und erfüllend.

Wenn du während des Lesens merkst, dass du noch einige Punkte in deiner persönlichen Geschichte hast, die du bearbeiten möchtest, kannst du parallel an diesen arbeiten oder auch einige Lesepausen einlegen.

In diesem Fall ist es empfehlenswert, sich auch meine anderen Bücher anzusehen bzw. jenes, durch das du dich besonders angesprochen fühlst. Bemerkst du beispielsweise, dass du noch Probleme hast, dich von der Schuld oder Reue früherer Entscheidungen zu lösen, empfiehlt sich „Das Buch zur Selbstfindung". Auch mein Buch „Vergangenheit loslassen" kann hier ein guter Begleiter sein und dir dabei helfen, Altes hinter dir zu lassen und dich Neuem in deinem Leben zu öffnen.

Fällt es dir hingegen schwer, dich gut um dich selbst zu kümmern und gesunde Bindungen zu dir selbst und anderen einzugehen, können dir die Bände „Inneres Kind heilen" und „Selbstliebe spüren" wertvolle Impulse geben, wie du liebevoll mit dir selbst umgehen kannst.

Nimm dir Zeit für die Aufarbeitung von Themen, die dich belasten und entscheide für dich, ob du zuerst noch bestehende Steine aus dem Weg räumen möchtest, um sozusagen mit einer „weißen Leinwand" zu beginnen, oder ob du dich neben der Aufarbeitung auch gleich auf dein Glück im Hier und Jetzt konzentrieren möchtest.

Diese Entscheidung ist sehr persönlich und kann von verschiedenen Faktoren, wie Zeit, Stressniveau und innerer Einstellung beeinflusst werden.

Ganz wichtig für dich: Du hast die Wahl und du hast es in der Hand!

Glücklich zu sein kann dabei durch eine bewusste Entscheidung entstehen und verlangt Eigenverantwortung. Durch Achtsamkeit im Jetzt und den richtigen Umgang mit äußeren Einflüssen, die dich vom Weg abbringen können oder möchten, kann „Glück" ein Bestandteil und langfristiger Begleiter deines eigenen Lebensweges werden.

Somit kannst du deiner Persönlichkeitsentwicklung eine völlig neue Seite hinzufügen. Neben einer spannenden Reise, die dir viele Erkenntnisse gebracht hat und auf der du neue Aspekte an dir selbst entdecken konntest, ist nun auch Zeit für ein Verweilen in der Sonne. Die eigenen Schattenseiten zu bearbeiten ist sehr wichtig, aber die aktive Ausrichtung zur Sonnenseite ist ebenso essentiell.

Die persönliche Entscheidung, sich dem Glück zuzuwenden, gibt dir zahlreiche Chancen und Möglichkeiten, dein Leben noch bunter und erfüllter zu gestalten.

Das Glück deines Lebens hängt von der Beschaffenheit deiner Gedanken ab.

Ich lade dich ein, diesen neuen Weg zu beschreiten und dich auf die Sonnenseite des Lebens zu begeben. In diesem Buch erfährst du zunächst, was überhaupt unter Glück verstanden wird, womit und warum du es so leicht mit anderen Dingen verwechseln kannst und wie du es schaffst, für dich herauszufinden, wie dein persönliches Glück aussieht. Du kannst Zweifel aus dem Weg räumen – etwa, ob du Glück überhaupt verdient hast, ob es in schweren Lebenssituationen womöglich gar nicht greifbar für dich ist und wie du verhinderst, dass du das Glück der anderen lebst, statt dein eigenes. Du erfährst, wie du zum aktiven Teil deines eigenen Lebens wirst, anstatt nur zu reagieren, und wie du somit immer wieder Situationen erschaffst, die das Glück förmlich zu dir einladen. Die Glücksbrille aufzusetzen und den Blick neu auszurichten, ist dabei nur eine Methode, die du kennenlernen wirst, um dein Glück aktiv zu leben. Auch die Themen Achtsamkeit und Flow, als Verwandte des Glückes, finden Beachtung und werden ebenfalls besprochen. Zudem werden dir Stolperfallen bei der Kultivierung deines Glückes vorgestellt, um diesen auf deinem Weg elegant ausweichen oder kompetent begegnen zu können, falls sie auftauchen sollten.

Ein kleiner Tipp: Als Bonus zu diesem Buch kannst du dir online eine Zitate-Sammlung mit passenden Sprüchen und Aphorismen herunterladen. Halte es wie Marc Aurel mit seiner Aussage „Das Glück deines Lebens hängt von der Beschaffenheit deiner Gedanken ab!" und nutze diese kleine Sammlung als Motivation im hektischen Alltag und als kleinen Reminder, um gut auf dich und deine Gedanken zu achten.

Kapitel 1 –
Was fehlt dir
zum Glück?

Wenn du Renovierungsmaßnahmen in deiner Wohnung vornehmen willst oder dir auch einfach nur der Sinn nach einer grundlegenden Umgestaltung deines Zuhauses steht, dann beginnst du in der Regel zuerst mit einer kleinen Bestandsaufnahme und betrachtest anschließend, welche Änderungen herbeigeführt werden sollen: Wie sieht dein Wohnraum jetzt aus? Wie soll er aussehen? In welchen Bereichen deines Hauses stehen Neuerungen an? Welche Ecken hast du vielleicht allzu lange bewusst übersehen und somit etwas vernachlässigt? Wo ist alles perfekt und muss deshalb gar nicht erst auf die Agenda?

Auf diese Weise hast du eine Art Fahrplan, an den du dich halten kannst: Du verhinderst, das Arbeiten in einer ungünstigen Reihenfolge ausgeführt und möglicherweise doppelt vorgenommen werden müssen. Du kannst den Fokus auf die Punkte legen, die jetzt gerade wirklich an der Reihe sind. So verhinderst du, dass das Projekt zu groß wird und du aufgrund von Überforderung frühzeitig abbrichst. Du kannst immer wieder Themen auf deiner To-do-Liste abhaken und somit kleine Erfolgserlebnisse erzielen, die es dir erleichtern, deine Ziele zu verfolgen.

Ähnlich kannst du vorgehen, wenn du dich mit dem Thema Glück beschäftigst.

Stelle dir die folgenden Fragen und versuche dabei, intuitiv aus dem Bauch heraus zu antworten. Falls möglich, lass einfach mal alle Filter beiseite und antworte direkt und unmissverständlich – auch wenn manch eine Antwort, in deinen Augen oder in den Augen der Gesellschaft, vielleicht seltsam erscheinen könnte. Niemand außer dir sieht und hört diese Antworten, sodass du deinen Gedanken freien Lauf lassen kannst.

Sorge dafür, dass du trotz aller Spontaneität bei der Beantwortung der Fragen ausreichend Zeit hast. Achte darauf, dass du ungestört bist und in Stille reflektieren kannst. Bitte deine Familienmitglieder um etwas Ruhe, ziehe dich an deinen Lieblingsort zurück und leg das Smartphone zur Seite. Jetzt geht es allein um dich. Die anderen dürfen gerne einmal warten.

Frage dich:

- Warum möchtest du glücklicher sein?
- Was fehlt dir im Hier und Jetzt?
- Was bedeutet Glück?

Und noch viel wichtiger:

- Was bedeutet Glück für dich?
- Darfst du glücklich sein?
- Kannst du glücklich sein?
- Oder weißt du vielleicht (noch) gar nicht, wie sich dein Glück anfühlt?

Diese Fragen zu stellen, mag womöglich auf den ersten Blick ungewohnt sein – aber sie können dir dabei helfen, zu reflektieren, was dir aus welchen Gründen wichtig ist. Zudem helfen sie dir, dich dem Thema Glück aus einer bestimmten Perspektive zu nähern: forschend, interessiert, möglicherweise sogar neugierig und mit Entdeckerfreude. Viele von uns fühlen sich manchmal um ihr Lebensglück betrogen, müde oder frustriert – insbesondere dann, wenn wir schon seit Langem an uns arbeiten. Wir haben uns unseren Schatten gestellt, wir haben uns von Stacheln der

Vergangenheit gelöst, Altlasten hinter uns gelassen und gelernt, trügerischen Glaubenssätzen mit der gesunden Portion Skepsis zu begegnen. Wir haben uns unseren unschönen Seiten genähert, starke Gefühle erlebt und jetzt endlich dürfte dann doch mal das Happy End kommen, das große Glück. Oder meinetwegen auch das kleine Glück, Hauptsache Glück und Ruhe nach all den Anstrengungen, oder? Aber was genau ist eigentlich Glück? Und was meinen wir tatsächlich, wenn wir von Lebensglück sprechen? Den Sechser im Lotto oder doch etwas ganz anderes?

Was bedeutet Glück – was bedeutet es für dich?

„Das Glück wohnt nicht im Besitze und nicht im Golde, das Glücksgefühl ist in der Seele zu Hause" sagte Demokrit und der große Johann Wolfgang von Goethe war sich sicher: „Glücklich allein ist die Seele, die liebt." Charles-Louis de Montesquieu sieht das Ganze etwas kritischer: „Man will nicht nur glücklich sein, sondern glücklicher als die anderen. Und das ist deshalb so schwer, weil wir die anderen für glücklicher halten, als sie sind." Der Philosoph und Anthropologe Ludwig Feuerbach sieht das Glück sogar als Pflicht: „Deine erste Pflicht ist, dich selbst glücklich zu machen. Bist du glücklich, so machst du auch andere glücklich."

Aber wer hat denn nun recht? Was ist Glück? Wo ist es zu finden und wie zeigt es sich? Ist es für jeden Menschen gleich? Was bedeutet Glück für dich? Weißt du es vielleicht (noch) gar nicht?

Eine Definition von Glück ist gar nicht so leicht. Jeder weiß, wann er Glück verspürt, wann der Ausspruch „Glück gehabt" angebracht ist und wann er jemandem Glück wünschen möchte – aber die Aussagen darüber, was Glück genau ist und was es umfasst, können bei jedem anders aussehen.

Das Lexikon der Psychologie unterscheidet in seinem Eintrag zum Schlagwort Glück zwischen einer spontanen Zuschreibung und einem Glücksgefühl:

Glück:

1. günstiger Zufall im Zusammenhang mit Ereignissen unseres Lebens: „Ich habe Glück gehabt", „Es hat sich für mich günstig ergeben", Form der Attribution von Ereignissen.
2. eine Emotion mit eindeutigem Handlungsbezug (wie z. B. auch Begierde, Überraschung, Verwunderung, Leid; Emotionen-Klassifikation) im Sinne von subjektiver „Glückseligkeit": „Ich bin glücklich wegen [...]."

Was vom Gefühl des Glückes unmittelbar verstanden werden kann, ist die Mimik und Gestik glücklicher Menschen. Schwieriger gestaltet sich die Beschreibung von Glück. Wie statistische Analysen belegen, umfasst das Erleben von Glück charakterisierende Faktoren, wie z. B. die Nähe und Verbundenheit mit anderen Menschen, Vertrauen und Liebe, tiefe innere Ruhe und die Lust unmittelbarer Empfindung, die Stille und die übermütige Heiterkeit, die Innigkeit religiöser Einsicht und die Bejahung des Lebens. Eine klare Trennung von Glück und Freude ist nicht eindeutig vorzunehmen.

Der Autor und Philosoph Florian Langenscheidt, der mehrere Bücher zum Thema Glück veröffentlicht hat, definiert Glück folgendermaßen:

„Glück – das sind jene besonderen Momente, in denen wir eins sind mit uns selbst, unseren Erwartungen, unserem Tun und unserer Umwelt."

Die gängigste Definition wird in der aktuellen Glücksforschung gebraucht, die ganz nach englischem Vorbild zwischen „luck", also dem Glück des Zufalles, und „happiness", dem gesamten Lebensglück, unterscheidet.

Während das Glück des Zufalles nicht wirklich beeinflussbar ist, kann der Mensch also zur Steigerung des Lebensglückes aktiv beitragen.

Dem Glück auf der Spur – Glücksforschung

Die Glücksforschung beschäftigt sich damit, wie der Mensch sein Glück maximieren kann.

Es gibt verschiedene Unterformen, die sich dem Glück mit unterschiedlichen Perspektiven nähern – der Fokus liegt dabei aber immer auf diesem besonderen Gefühl und dem Individuum, das davon profitiert.

Neben der Angewandten Glücksforschung gibt es weitere Disziplinen, die sich auf bestimmte Teilaspekte konzentrieren, etwa die Philosophische Glücksforschung, die Soziale Glücksforschung oder die Ökonomische Glücksforschung.

Besonders bekannt ist die Experimentelle Glücksforschung, die als eine der neuesten Forschungsrichtungen der Glücksforschung gilt. Ihre Arbeiten stützen sich zu großen Teilen auf das Werk und die Erkenntnisse des Wissenschaftlers Herbert Laszlo.

Wusstest du, dass es sogar ein eigenes Institut gibt, an dem zum Thema Glück geforscht wird? Das Institut für experimentelle Glücksforschung, kurz IFEG genannt, gibt es bereits seit dem Jahr 2004. Das Institut ist eine gute Anlaufstelle, wenn du noch mehr wissenschaftliche Informationen rund um das Thema Glück erhalten möchtest.

Die Erkenntnisse der Glücksforschung mögen zwar sehr spezifisch sein. Du kannst sie jedoch zu großen Teilen wunderbar auf deinen Alltag übertragen.

Falsche Fünfziger

Mittlerweile hat die Glücksforschung einige Punkte herausarbeiten können, die nachweislich glücklich machen – etwa die optimale Balance aus Belastung und Entlastung, über die du in Kapitel 4 – Im Jetzt leben/Die Mischung macht's – noch mehr erfahren wirst.

Andererseits gibt es jedoch Dinge, die sich dir als vermeintliches Glück präsentieren.

Das sind Dinge oder Aktivitäten, die sich nur auf den ersten Blick wie Glück anfühlen, aber dann doch nicht wirklich dazu beitragen, dass du Glücksgefühle verspürst.

Kennst du diesen Moment, wenn du gestresst von einem langen Arbeitstag in den Supermarkt hetzt, um noch schnell Zutaten für die Muffins einzukaufen, die am nächsten Tag von deiner Tochter in den Kindergarten mitgenommen werden sollen?

Während du die Schokolinsen zum Verzieren auswählst, packst du gleich noch einen, zwei oder drei Schokoriegel mit in den Korb und verputzt diese noch auf dem Parkplatz im Schutz deines Autos.

Der erste Bissen war gut, der zweite auch, aber jetzt ist dir schlecht und der kurze Moment, in dem du den Stress vergessen konntest, wird abgelöst von Schuldgefühlen und Ärger über dich selbst. Du weißt doch, dass das ungesund ist. Du weißt doch, dass das nicht emotional satt macht.

Und trotzdem – manchmal und insbesondere dann, wenn wir müde, traurig, wütend oder anderweitig angeschlagen oder verletzlich sind – fallen wir auf diese falschen Fünfziger herein.

Sie können in ganz unterschiedlicher Form kommen: In Junkfood, das wir uns im Übermaß einverleiben, in einem übermäßigen Konsum von Rotwein oder anderen Genussgiften, zu viel Fernsehen, Shopping, Social Media oder in Form von Kontakten, an denen wir krampfhaft festhalten, nur damit wir populär sind – obwohl wir eigentlich lieber unsere Ruhe hätten.

Diese falschen Fünfziger haben viel mit Emotionskontrolle und Akzeptanz zu tun.

Wir, als erwachsene Menschen, wissen eigentlich, dass es Situationen im Leben gibt, in denen wir uns nicht wohlfühlen. Es tut weh, wenn wir verlassen werden, und aus der Erfahrung wissen wir, dass dieser Schmerz auch wieder nachlassen wird.

Aber manchmal wollen wir uns austricksen, eine Abkürzung nehmen, glückliche Gefühle erzwingen. Das sind künstliche Gefühle. Natürlich gibt es immer die Option, das Beste aus einer schwierigen Situation zu machen. Der Ansatz „Fake it till you make it" kann dir viel Power geben und dir dabei helfen, nicht in einem dunklen Loch zu versinken. Aber es ist auch wichtig zu akzeptieren, dass Gefühle, die in unserer Gesellschaft als negativ bewertet werden, zum Leben dazu gehören, dass sie eine Daseinsberechtigung haben und auch gelebt werden wollen. Wer sich ständig die eigene Trauer oder Wut verbietet, wird über kurz oder lang körperliche oder psychische Probleme bekommen. Gefühle lassen sich nur schwer unterdrücken, sodass es in diesen Fällen meist zu einer allgemeinen Dumpfheit kommt. Sind Wut und Trauer erfolgreich aus deinem Emotionsspektrum ausgeschlossen worden, fühlst du meist auch weniger intensiv Dinge, die eigentlich angenehm sind, wie z. B. Vorfreude oder positive Überraschung.

Zudem hat der Mensch die Eigenschaft, dass er sich nach unmittelbarer Bedürfnisbefriedigung sehnt. Ja, eigentlich wäre es schön, sich gesund zu ernähren, ganz sicher, und fit zu sein, das wäre auch toll. Aber jetzt ist man so müde vom Tag, die Serie wartet und eine Pizza in den Ofen zu schieben ist bequemer, als einen Salat zuzubereiten – und wer wählt als Frustessen schon Salat?

Normalerweise lernen wir während unserer Persönlichkeitsentwicklung, dass wir unseren Wünschen nicht immer unmittelbar nachgeben können, wenn wir langfristige Ziele verfolgen.

Wer am Ende des Jahres eine wichtige Prüfung absolvieren möchte, darf das Lernen nicht jeden Tag verschieben. Stattdessen muss langfristig gedacht und geplant werden. Die Planung fällt den meisten Menschen noch leicht. Wie oft hat man sich tolle Pläne ausgedacht, Sportsachen und Küchengeräte gekauft und beschlossen, dass jetzt dieses Mal wirklich alles anders wird?! Zum neuen Jahr, nach einem runden Geburtstag oder nach einem einschneidenden persönlichen Erlebnis. Aber die Umsetzung stellt uns Menschen, die naturbedingt am ehesten zu der aktuell verfügbaren Belohnung greifen, vor Herausforderungen. Wir müssen unserem inneren Antrieb zuwider und vorausschauend handeln, akuten Gelüsten widerstehen und wieder Disziplin an den Tag legen. Denn eigentlich wissen wir, dass „Schoki und Co."

auf Dauer doch nicht emotional satt machen und kein Ersatz für wirkliche Gefühle sind.

Selbstwirksamkeit statt Glück von außen ist hier der Schlüssel, der uns dabei hilft, die Falschen Fünfziger zu erkennen und zu umgehen.

Welches Glück möchtest du für dich leben?

Glück ist eine sehr universelle Erfahrung, die von jedem Menschen empfunden und erkannt werden kann – ganz gleich, welcher Kultur, Religion oder Nation er angehört. Vorausgesetzt, man hat keine gesundheitlichen Einschränkungen.

Weltweit befassen sich Menschen mit dem Thema Glück. Sie versuchen herauszufinden, wie sich Glück maximieren lässt und wie der Zustand länger erhalten bleibt. Es wird erforscht, wo die Personen leben, die sich am glücklichsten empfinden und was sie anders machen, als Personen, die sich als unglücklich erleben.

In einer Umfrage zur Bedeutung von Glück (in Deutschland) im Jahr 2016 belegte der Glücksfaktor Frieden einen der vordersten Plätze. Mehr als 80 Prozent der befragten Studienteilnehmer nannten Frieden als wichtige Einflussgröße. Noch mehr Punkte erhielten (auf Platz drei) die Freundschaft, (auf Platz zwei) die Gesundheit und (auf Platz eins) eine intakte Familie oder Partnerschaft mit stolzen 91 Prozent. Ebenfalls weit vorne lagen ein guter Arbeitsplatz und keine Geldsorgen, aber auch Aspekte, wie ein schöner Urlaub oder gutes Wetter.

Kennst du den Spruch: „Der Plunder des Einen ist der Schatz des Nächsten“?

Dies gilt sowohl für das spontan erlebte Glück, dem „luck“ als auch für das Lebensglück, dem „happiness“.

Wenn für dich ein spontaner Regenguss großes Glück bedeutet, weil du dadurch nicht zur gefürchteten Gartenparty deiner Chefin musst, ist deine Tochter vielleicht traurig, weil dadurch ihr Picknick mit ihren Freundinnen ausfallen muss.

Während für eine Person die Unabhängigkeit, also frei von engen Bindungen und Verpflichtungen zu sein, ganz vorne steht und sein persönliches Lebensglück darstellt, würde ein anderer Mensch es als Unglück erleben, isoliert und ausgeschlossen aus sinnstiftenden Verbindungen und Gemeinschaften zu sein.

Somit ist Glück nicht nur eine Sache der Einstellung, sondern auch der persönlichen Bedürfnisse, Wünsche, Werte und Normen.

Du hast sicherlich nicht nur einige Zitate großer Denker und Dichter gelesen, sondern auch in den Medien schon viele Meinungen zum Thema Glück gehört. Auch in deiner Familie und in deinem Freundeskreis wirst du feststellen, dass die Wahrnehmungen, was Glück ausmacht, stark auseinander gehen und voneinander abweichen können.

Daher ist es so wichtig, dass du dir klar machst, über welches Glück du in deinem Leben bereits verfügst und welches du suchst.

Lebst du gerade dein persönliches Glück oder erfüllst du die Vorstellungen einer anderen Person?

Dies kann z. B. der Grund sein, warum du dich trotzdem nicht erfüllt und glücklich fühlst, obwohl du doch alles in deinem Leben erreicht hast. Erfüllen wir beispielsweise die gescheiterten Träume unserer Eltern, indem wir eine Karriere als Ärztin einschlagen, die ihnen verwehrt blieb oder indem wir das Familienunternehmen ins Ausland tragen, ohne dies aber wirklich selbst zu wollen, leben wir ein geerbtes Leben. Und somit ist auch das Glück nur „second-hand" und fühlt sich nicht an, als wäre es unser eigenes. Selbst wenn wir uns mit der bestehenden Situation arrangiert haben, wird irgendwo noch ein Teil in uns schlummern, der sich nach der Verwirklichung unseres ureigenen, persönlichen Glückes sehnt.

Absolvierst du dein Aufbaustudium wirklich für dich oder weil du es allen zeigen wolltest, die dir nicht mal den Abschluss der Schule zugetraut haben? Verweigerst du dich dem Arbeitsleben, weil du von jemand anderem hinein gedrängt wurdest oder anderweitige schlechte Erfahrungen gemacht hast? Versteckst du dich hinter einem Leben, das du gar nicht wirklich willst? Oder hast du dein ganzes Leben nur auf Karriere und Gewinnmaximierung ausgerichtet? Wenn du in einem Umfeld aufgewachsen bist, in dem Ressourcen und Kapital immer knapp waren, kann finanzielle Unabhängigkeit maßgeblich zum Glück beitragen – aber sie ist nicht alles! Wenn darüber hinaus keine anderen Dinge und Menschen in deinem Leben Platz haben, entsteht eine ungesunde Disbalance, auch wenn deine Absicht sehr gut war und du dir (und vielleicht auch deiner Herkunftsfamilie) einfach ein besseres, glücklicheres Leben ermöglichen wolltest.

„The pursuit of happiness", also das Streben nach Glück, ist sogar in der Unabhängigkeitserklärung der Vereinigten Staaten von Amerika als Menschenrecht aufgeführt. Aber was genau das Glück ausmacht, wird nicht definiert.

Was also ist Glück?

Sokrates wird der philanthropische Ausspruch „Das wahre Glück ist: Gutes zu tun" zugeschrieben, während sein Schüler Platon gesagt haben soll: „Glück ist Selbstgenügsamkeit."

Der französische Philosoph Théodore Jouffroy sieht das ultimative Glück im Außen: „Der Gipfel des Glückes ist es, geliebt zu werden von einer schönen Seele, der Gipfel des Ruhmes, bewundert zu werden von einem großen Geist", während der russische Schriftsteller Fjodor Michailowitsch Dostojewski einen sehr drastischen Ausspruch tätigte: „Es gibt kein Glück im Wohlstand, durch Leiden wird das Glück erkauft."

Der deutsch-amerikanische Autor und Philosoph Ludwig Marcuse zeigte sich sehr umfangreich in der Beantwortung der Frage nach dem Glück, indem er äußerte: „Das Wort Glück hat in allen Sprachen etwas Vieldeutiges. Es ist eine Sonne, die eine Schar von Trabanten um sich herum hat: Behagen, Vergnügen, Lust, Zufriedenheit, Freude, Seligkeit, Heil." Der US-amerikanische Weltautor Ernest Hemingway hingegen trifft eine etwas schelmische Äußerung: „Glück, das ist einfach eine gute Gesundheit und ein schlechtes Gedächtnis."

Die Frage ist nicht, wer von diesen großen Denkern recht hat. Vielmehr geht es darum, herauszufinden, was davon dich anspricht. Bei welcher Äußerung musstest du spontan nicken oder hast ein Gefühl der Zustimmung verspürt?

Bei welcher Äußerung hast du dich unmerklich zurückgelehnt und die Muskeln angespannt, als der Gedanke aufkam, was das für ein Unsinn sei?

Anhand deiner Reaktionen auf diese Zitate kannst du meist sehr leicht herausfinden, welche Aspekte für dich persönlich zu einem glücklichen Leben gehören.

Vielleicht hast du auch selbst schon ein Zitat oder einen Spruch über Glück, der dich begleitet und dir Hoffnung gibt?

Was magst du an dem Spruch? Was repräsentiert er?

Verbindest du Glück mit Geld? Macht? Liebe? Gesundheit? Ruhm? Stille? Anerkennung von außen?

Mache dir bewusst, dass es bei der Beantwortung kein Richtig oder Falsch gibt. Es gibt – wie bei allem – immer wieder Moden und Dinge, die in einer Generation mit Glück assoziiert werden. Somit ist auch klar, dass bestimmte Erscheinungen ihren Status als Glücksbringer mit der Zeit auch wieder verlieren, während andere seit Jahrhunderten als wichtiger Bestandteil des persönlichen Glückes angesehen werden.

Auch bei dir selbst kann sich das, was du als Lebensglück definierst, verändern. Sei es aufgrund erlebter Erfahrungen oder aufgrund eines Wandels deiner Interessen und Lebensziele.

Stand im Alter von Anfang 20 vielleicht der Traum eines Lebens im Ausland an oberster Stelle und später der Wunsch nach einer stabilen Partnerschaft, wäre es womöglich jetzt dein größtes Glück, wenn du dich selbstständig machen und deine Geschäftsidee verwirklichen könntest.

Ein gutes Gespür für dich selbst und für die Veränderungen, die in dir stattfinden sowie der Mut, dich auf Neues einzulassen und möglicherweise auch alte Träume loszulassen, sind hier ganz wichtig, damit du nicht alten Zielen nachjagst, die eigentlich schon gar nichts mehr mit dir und deinem Lebensglück zu tun haben.

Fühle dich nicht verpflichtet, an etwas festzuhalten, nur weil du sehr lange darauf hingearbeitet hast oder du früher so brennend dafür gekämpft hast.

Sei offen und ehrlich mit dir und stell dir einfach mal folgende Fragen:

- Wann verspüre ich Glück?

- In welcher Umgebung nehme ich Zufriedenheit war?

- Bei welchen Tätigkeiten vergesse ich die Zeit um mich herum?

- Habe ich ein großes Lebensziel oder verfolge ich mehrere kleinere Ziele?

- Fühle ich mich stolz, wenn ich Erfolge verbuchen kann oder fühle ich nichts?

- Ist das Glück, das ich habe, mein eigenes oder ein geerbtes Glück?

- Denke ich, ich muss für jemand anderen dessen Glück leben?

- Wofür würde ich mich entscheiden, wenn ich frei von allen Beschränkungen wäre?

Kannst du auch in schwierigen Lebenssituationen dein Glück finden?

Nicht immer besteht das Leben nur aus rosa Rosen und Geigenklängen – wir alle haben Krisen in unserem Leben erdulden müssen und gelegentlich finden wir uns in Lebensumständen wieder, die uns länger begleiten, obwohl wir uns etwas ganz anderes erträumt oder erhofft hatten.

Dies bedeutet aber nicht, dass deine Chance auf Glück damit auch vertan ist! Denn selbst in herausfordernden Lebenssituationen kannst du einiges dafür tun, um schöne Momente erleben zu können.

Die Kunst besteht darin, herauszufinden, was du ändern kannst und was du nicht ändern kannst, genau wie in dem bekannten Gelassenheitsgebet:

„Gib mir die Gelassenheit, Dinge hinzunehmen, die ich nicht ändern kann, den Mut, Dinge zu ändern, die ich ändern kann und die Weisheit, das eine vom anderen zu unterscheiden."

Du wirst Wirtschaftskrisen, Krankheiten, die Weise, wie dich andere wahrnehmen, deine Größe oder deine Familie nicht ändern können – ganz gleich, wie sehr du dich bemühst.

Auch das Wetter verändert sich nicht – egal, wie sehr du dich darüber aufregst, schlechte Laune hast oder murrst. Was du ändern kannst, sind deine Einstellung, deine Handlungen, deine Wortwahl, dein Umgang mit anderen und der Umgang mit dir selbst.

Deine Möglichkeiten, das Glück in die Hand zu nehmen, sind manchmal vielfältiger als du denkst. Doch wenn du deine Kraft damit vergeudest, an Baustellen zu arbeiten, an denen du (aktuell) nichts ausrichten kannst, dann hast du weder den Überblick noch die Kraft, an den Punkten Veränderungen in Bewegung zu setzen, die du tatsächlich beeinflussen kannst.

Denn Veränderungen herbeizuführen, ist anstrengend, insbesondere dann, wenn es dir mental oder körperlich nicht gut geht.

Zunächst solltest du deine Bedürfnisse in deiner aktuellen Lage erkennen. Deine Vorlieben und das, was du brauchst, um glücklich zu sein, kann nämlich deutlich von dem abweichen, was du sonst magst.

Vielleicht besteht dein Glück in einer Phase des Verlustes aus kleinen, stillen Begegnungen mit lieben Leuten, statt aus lauten Partys und Ausgehabenden. Vielleicht sehnst du dich nach stetigem Austausch, obwohl du sonst eher dein Glück in der Abgeschiedenheit findest, weil du die Kraft und die Worte eines Gegenübers brauchst, um Hoffnung zu schöpfen.

Vielleicht magst du es sonst eher hell und lichtdurchflutet, während du dich jetzt in eine Höhle zurückziehen möchtest, um von der Außenwelt zunächst etwas geschützt zu sein.

Bist du dir im Klaren darüber, was dir in einer schweren Zeit Glücksmomente bescheren kann, kannst du diese aktiv in dein Leben ziehen. Zudem kannst du dich im Reframing probieren.

Diese Technik hilft dir dabei, Dinge oder Erlebnisse, die du nicht ändern kannst, von einer neuen Perspektive aus zu betrachten.

Nimm das Beispiel mit dem Wetter: Du hast mit deinen besten Freundinnen ein Picknick am See geplant. Nach Monaten habt ihr endlich einen Termin gefunden, an dem ihr alle Zeit habt. Du hast dir sehr viel Mühe mit dem Zusammenstellen deines Picknickkorbes gegeben, freust dich auf ausgedehnte Gespräche und die Sonne auf deiner Haut. Nun ist, trotz der angekündigten Sonne, ein Gewitter aufgezogen und es sieht nicht danach aus, dass es allzu bald wieder verzogen wird. Wie gehst du jetzt mit der Situation um? Sagst du das Picknick ab und sitzt frustriert zuhause? Lädst du deine Freundinnen zu dir ein, beklagst dich aber die ganze Zeit darüber, dass ihr keine Sonne genießen könnt, während du die Leckereien und deine Liebsten direkt vor deiner Nase hast? Veranstaltet ihr spontan ein Indoor-Picknick, unterhaltet ihr euch gut gelaunt auf dem Wohnzimmerteppich und lacht, bis euch die Bäuche wehtun?

Es liegt an dir, wie du der Situation begegnest. Du kannst zwar nicht die Umstände ändern, aber du kannst das Beste aus einer Situation herausholen.

Natürlich erwartet niemand von dir, dass du in einer Phase der Trauer, des Unglückes oder der Wut, das motivierte Glückskäferchen bist. Aber auch dann, in Phasen, in denen es dir schlecht geht, kannst du für dich sorgen und Dinge tun, die dir

Wohlbefinden bereiten und dich glücklich machen. Vielleicht fühlst du das Glück in diesen Momenten nicht oder nur schwach, aber du wirst es wieder fühlen! Und je mehr du dich darauf einlässt, je weiter du dem Glück die Tür öffnest, desto leichter kann es auch wieder bei dir hineinspazieren.

Kapitel 2 –
Schritte in ein glückliches
Leben

„Achte auf deine Gedanken, denn Sie werden Worte. Achte auf deine Worte, denn sie werden Handlungen.

Achte auf deine Handlungen, denn sie werden Gewohnheiten.

Achte auf deine Gewohnheiten, denn sie werden dein Charakter.

Achte auf deinen Charakter, denn er wird dein Schicksal." - Aus dem Talmud

Wenn wir uns auf die Reise zu uns selbst machen und erste Schritte in die Richtung eines glücklichen Lebens wagen, ist es wichtig, dass der Weg möglichst frei von Hindernissen ist – denn ein Umlernen von alten Glaubenssätzen und Integrieren von neuen Routinen in das Alltagsleben ist bereits fordernd genug.

Entscheidest du dich dafür, deine Themen zu bearbeiten, die aktuell deinem glücklichen Leben noch im Wege stehen, hast du relativ freie Bahn. Du findest deinen ganz persönlichen Weg viel einfacher und verläufst dich sicherlich auch nicht so leicht.

Das eigene Leben gestalten

Das eigene Leben gestalten zu können setzt voraus, dass du die Kapazitäten und die Möglichkeiten dazu hast. Nicht immer mögen die Startbedingungen für dich optimal gewesen sein, aber du kannst dafür sorgen, dass sich deine Position verbessert, ganz gleich, wo du jetzt stehst.

Die Gründe, die dich bisher davon abgehalten haben, deinen neuen Weg zu gehen, können ganz unterschiedlich sein und sich auch mit den Jahren verändern.

Vielleicht kannst du bei genauerer Betrachtung aber auch sogenannte Evergreens herauskristallisieren und Muster erkennen, die sich dir einfach immer nur wieder im neuen Gewand präsentieren. In diesem Kapitel findest du einige der typischsten Hindernisse. Wenn deine nicht darunter sind, ist dies aber auch kein Grund zu verzagen. Was auch immer dich aktuell davon abhält, dein volles Glückspotenzial auszuleben, lässt sich bearbeiten. Wenn du alleine nicht weiterkommst, scheue dich nicht, das Gespräch mit einer vertrauten Person zu suchen, die dir weiterhelfen kann. Auch die Zusammenarbeit mit Fachleuten kann hilfreich sein.

Spüre in dich hinein und überlege, was dir jetzt gut tun würde, auch wenn es sich vielleicht im ersten Moment unheimlich oder herausfordernd anfühlt. Das Bewusstsein, einen großen Stolperstein aus dem Weg geräumt zu haben, wird dich anschließend ganz sicher dafür entschädigen.

Halte dir aber auch zugute, dass die Bereitschaft, das eigene Leben zu gestalten und neue Wege zu gehen, sehr einschüchternd sein kann. Gib dir immer wieder Zeit, in dich hinein zu horchen und Dinge zu verarbeiten. Erwarte bitte nicht von dir, dass du, nur weil du deine Muster durchschaut hast, diese auch direkt aufgeben kannst.

Gedankenmuster und Handlungen, die dich Jahre oder gar Jahrzehnte begleitet haben, mögen dich mittlerweile zwar einschränken, aber sie sind dir auch vertraut bzw. nützlich.

Irgendwann in deinem Leben haben sie als Schutz- oder Bewältigungsmechanismen gedient und daher geben sie dir auf eine gewisse Weise Sicherheit.

Dass ein Teil in dir diese Sicherheit nicht aufgeben will und sich vor dem fürchtet, was danach kommt, ist ganz normal. Also erlaube dir bitte eine Übergangsphase, in der du dich von alten Mustern verabschiedest und neue Gewohnheiten in dein Leben einlädst.

Reue hinter sich lassen

Besonders wichtig ist es, zunächst eine Basis zu schaffen, auf der man sich selbst Lebensglück und ein erfülltes Dasein zugestehen und erlauben kann. Wenn du in alten Glaubenssätzen gefangen bist, dich die Gedanken an frühere Fehltritte nicht loslassen und deine ganze Energie von Schuldgefühlen, Scham oder Reue verbraucht wird, hast du logischerweise nicht mehr viel Power, die du in dein Glück stecken kannst.

Starke Emotionen, wie z. B. Reue, haben mitunter solch eine Macht, dass sie alle anderen aufkommenden Gefühle überlagern können. Selbst dann, wenn es Anlässe zum Empfinden von Glück in deinem Leben gibt, steht möglicherweise alles im Schatten der Reue. Oder du gestattest dir schlichtweg gar kein Glück, denn das Gefühl der Reue suggeriert dir, dass du aufgrund vergangener Probleme kein Glück empfinden darfst.

Nicht wenige von uns tragen ein kleines oder größeres Paket aus ihrer Vergangenheit mit sich herum. Eine bunte Mischung aus Verlust, Schmerz, Gram und auch Schuld - und so ist es kein Wunder, dass sich viele von uns fragen, ob sie Glück überhaupt verdient haben.

Als Menschen machen wir Fehler und auch dann, wenn uns diejenigen, die von unseren Fehlern betroffen waren, längst verziehen haben, sind wir manchmal sehr streng mit uns selbst und können uns diese Fehler nicht verzeihen. Wir verbuchen sie auf unserem inneren Konto als dauerhafte Schuld, die auf uns lastet und für die wir büßen müssen.

Denk nur an die eine Freundin, die ihren ersten Freund betrogen hat. Sie hat seitdem keine glückliche Beziehung mehr geführt und hat in durchweinten Nächten bei dir auf der Couch mehrfach zugegeben, dass sie findet, dass es ihr zu Recht passiert – schließlich war sie diejenige, die nicht treu gewesen ist. Wieso sollte sie dann anders behandelt werden. Dass das Ganze jetzt schon zwei Jahrzehnte her ist und sie seitdem ein ganz anderer Mensch geworden ist, der sich liebevoll um seine Liebsten kümmert, das zählt in ihren Augen nicht.

Vielleicht hast du als Schulkind deine Schwester auf dem Spielplatz vergessen und bist ohne sie heimgegangen und kannst dir das bis heute nicht verzeihen. Oder du hast in einem wichtigen Moment nicht die Wahrheit gesagt, um selbst nicht schlecht dazustehen.

Was auch immer es ist – ganz gleich, ob es sich um Unachtsamkeit, einen Fehler oder schlichtweg um einen Unfall handelt, bei dem alle Beteiligten zur falschen Zeit am falschen Ort waren – Erlebnisse aus deiner Vergangenheit sind kein Messinstrument dafür, ob du Glück verdient hast oder nicht.

Wenn du dich jetzt darum bemühst, ein guter Mensch zu sein, der seinem Umfeld und sich selbst liebevoll und respektvoll begegnet, was spricht dann dagegen, dass es dir gut geht?

Fällt es dir schwer, mit der Vergangenheit abzuschließen und stehst du deinem Glück dadurch selbst im Wege, empfiehlt es sich, sich den Themen von damals noch mal neu zu öffnen. Um mit den „Geistern der Vergangenheit" aufzuräumen, kannst du entweder entsprechende Bücher zur Unterstützung heranziehen, wie beispielsweise „Vergangenheit loslassen", oder mit Freunden sprechen. Wenn du merkst, dass diese Geister noch sehr präsent sind und intensiverer Bearbeitung bedürfen, kann es auch hilfreich sein, sich professionelle Unterstützung zu holen, etwa durch eine Psychotherapeutin oder einen Coach.

Dann kannst du dich ganz dem Hier und Jetzt widmen. Bereitet dir der Gedanke daran Angst, weil du aus deiner Komfortzone herauskommen musst? Dann halte es wie Demokrit:

„Mut steht am Anfang des Handelns, Glück am Ende!"

In meinem Buch „Das Buch zur Selbstfindung" erfährst du bei Bedarf noch mehr rund um das Thema Reue und wie du Selbsttreue und Authentizität in dein Leben holen kannst. Denn nur, wenn du wirklich zu dir und deinen Wünschen und Ideen stehst, hast du die Möglichkeit, dein eigenes Glück zu leben, frei nach dem Motto: Es gibt kein richtiges Leben im falschen!"

Innere Grundsätze

Vielleicht hast du schon davon gehört, dass jeder Mensch im Laufe seiner Entwicklung verschiedene Grundsätze verinnerlicht. Sie umfassen Einstellungen, Werte und Normen, wie z. B. „was man tut und was man nicht tut" oder „was gut ist und was nicht gut ist". Diese Einstellungen werden im Laufe der Sozialisation erworben. Sie werden zum einen von unserer Kernfamilie geprägt, zum anderen von unserer Umwelt und der Kultur, in der wir aufwachsen.

Wachsen wir in einer Familie auf, in der viel Wert auf die Ernsthaftigkeit des Lebens gelegt wird, sind spielerische Freude und glücklicher Genuss sicherlich keine Dinge, die oft im Vordergrund stehen. Bekommst du von klein auf vermittelt, dass deine Leistungsfähigkeit mehr zählt, als dein Lebensglück, kann es sein, dass du diese Einstellung übernimmst – selbst dann, wenn du das vielleicht gar nicht willst. Möglicherweise sträubt sich sogar alles in dir gegen diese Sichtweise, weil du selbst als Kind so darunter gelitten hast. Und doch erwischst du dich selbst beim gemütlichen Frühstück auf dem Balkon dabei, dass du genau dann, als du voller Muße dem Vogelgesang gelauscht hast, den Impuls hast, dir die Vorwürfe zu machen: „Wie kannst du nur so faul hier herumsitzen! Die Wäsche ist noch nicht auf der Leine! Der Bericht muss noch geschrieben werden. Und nachher kommen Baumanns und es sieht aus wie bei Hempels unterm Sofa. Aber das Fräulein muss ja herumsitzen und in den Tag träumen. Ganz großartig gemacht, Katja, ganz großartig. Aber Hauptsache, du hattest gerade Spaß, was?!"

Oder deine Eltern haben viel Wert auf Contenance gelegt und dir vermeintlich geschlechtsspezifische Erziehungsvorschläge angedeihen lassen: „Eine Dame lacht nicht so vulgär! Das ziemt sich nicht, Mara! Wir Kladens wissen, was sich gehört. Vornehme Zurückhaltung. Wir sind hier ja nicht in einer Hafenschenke!" oder „Was soll denn dieses alberne Gekicher, Tobias! Du bist doch kein kleines Mädchen. Ein echter Gentleman ist bekannt für seine Beherrschtheit. Und du möchtest doch, dass die Leute dich respektieren, wie deinen Vater?! Dann reiß dich zusammen. Gefühle sind etwas für Schwächlinge!"

Vielleicht musstest du auch erleben, dass deine Gefühle abgewertet wurden: „Also Lea, wegen einer Drei so zu strahlen, das muss ja nun wirklich nicht sein!" oder „Was machst du denn so einen Zirkus wegen diesem Hund? Du musst ja nicht jedes Mal so übertreiben!" oder „Dein Lachen klingt aber aufgesetzt. Ist das wirklich so oder versuchst du, einfach nur gut dazustehen?!"

Es ist unerheblich, ob diese Aussagen von deinen Eltern, deinen Lehrern oder Klassenkameraden kamen. Sie können dich verletzt haben und nicht selten führt eine unbedacht ausgesprochene Äußerung dazu, dass ein Kind oder ein Jugendlicher das eigene Verhalten drastisch verändert:

Der zur vermeintlich männlichen Beherrschtheit erzogene Tobias wird möglicherweise versuchen, besonders streng und unbeteiligt nach außen zu wirken. Die bis dahin laut lachende Mara wird sich diese Heiterkeitsausbrüche abgewöhnen. Stattdessen wird sie versuchen, den Erwartungen ihrer Eltern zu entsprechen, um diese zufriedenzustellen. Oder sie wird gar nicht mehr lachen, um sie zu bestrafen.

Und wer sich bisher gern und deutlich sichtbar gefreut hat, wird nach Bemerkungen über die Echtheit der Freude vielleicht verunsichert sein, sich selbst nicht mehr trauen und das eigene

Gefühlsleben anzweifeln. Du musst diese Meinung nicht mit deinen Eltern oder anderen Erziehungsberechtigten teilen, um doch etwas davon zurückzubehalten. Je nachdem, wie empfindsam und aufnahmebereit du als Kind warst und welche Auswirkungen ein Verstoß gegen diese offenen (oder vielleicht auch nur stillschweigend in der Familie akzeptierten) Regeln im Umgang mit offensichtlicher Freude und dem Zelebrieren von Lebensglück hatte: Die erlernten Grundsätze bleiben zurück, die sich auch im Leben eines Erwachsenen erstaunlich hartnäckig halten können. Somit besteht die Möglichkeit, dass sie dich bis heute beeinflussen.

Stell dir einmal folgende Fragen, um herauszufinden, ob du selbst von solchen unbewussten Grundsätzen betroffen bist. Achte dabei auf dich: Hältst du beim Durchlesen einer Frage den Atem an oder ziehst die Schultern hoch? Berührt dich eine Frage mehr als die anderen? Hier lohnt es sich, noch mal genauer hinzuschauen.

- Wie wurde in deiner Familie mit positiven Gefühlsregungen umgegangen?
- Waren laute Glücksbekundungen verpönt?
- War in deinem Alltag Leistung wichtiger als Lebensglück?
- Hattet ihr ein Familienmotto oder ungeschriebene Gesetze, die verdeutlichen, dass Lebensglück nicht so wichtig ist?
- Bemerkst du an dir selbst, dass du typische Sprüche der Familie aussprichst, die glücks- oder genussfeindlich sind?

Falls du bei diesem Thema noch viele offene Fragen bemerkst, lohnt es sich definitiv, wenn du dich noch einmal näher mit deinem Inneren Kind beschäftigst. Das Modell des Inneren Kindes wird sowohl in der psychotherapeutischen als auch in der psychiatrischen Arbeit verwendet und zudem auch von Privatpersonen genutzt, die sich mit ihrer Persönlichkeitsentwicklung befassen. Das Innere Kind verkörpert die kindlichen Erfahrungen und Anteile der Person. Es hilft dem Anwender des Konzeptes, einen Zugang zu seinem früheren Ich zu finden und sich so versteckten Emotionen oder früheren Erlebnissen bewusst zu werden. Hat die Person entsprechend Zugang zu ihren jüngeren Anteilen, kann sie diese bei Bedarf aufarbeiten und sich auch über Zusammenhänge zwischen frühkindlichen Erlebnissen und aktuellen Schwierigkeiten als Erwachsener klar werden.

Durch das Verstehen der Zusammenhänge werden die Probleme greifbarer. Der Erwachsene lernt, die Verantwortung für sich und sein verletztes Inneres Kind zu übernehmen und gut für sich und das Kind zu sorgen. Dadurch ist auch das Lösen aus ungesunden Beziehungsdynamiken möglich, die jemand aufgrund von frühkindlichen Erfahrungen und einem daraus resultierenden Bindungsstil eingegangen ist. Zudem kann das Konzept des Inneren Kindes auch dazu genutzt werden, wieder eine spielerische Komponente in das eigene Leben zu integrieren und dem eigenen Glück auf etwas unkonventionellere Art auf die Spur zu kommen.

Auch die bewusste Entscheidung, mit der Vergangenheit abzuschließen, kann sehr hilfreich sein und als echter Befreiungsschlag empfunden werden.

Selbstliebe

Selbstliebe mag relativ unbedeutend erscheinen, wenn man auf das große Glück hofft, doch sie ist ein wichtiger Faktor auf dem Weg in ein glückliches, erfülltes Leben. Denn wie du bereits aus dem ersten Kapitel „Was fehlt dir zum Glück?" und dessen Abschnitte „Falsche Fünfziger" und „Welches Glück möchtest du für dich leben?" weißt, gibt es keine wirkliche Abkürzung zum Glück und auch nicht wirklich die Möglichkeit, sich das Glück zu erkaufen oder zu ergaunern. Natürlich erlebst du ein Hochgefühl, wenn du ein Stück Schokolade naschst, dir ein tolles Kleidungs- oder Schmuckstück kaufst, du von anderen umschwärmt wirst oder du tolle Reisen unternimmst – aber wenn du dich selbst nicht wirklich liebst und dich selbst nicht wirklich angenommen hast, dann kann dies kein Impuls von außen überdecken.

Die Beziehung zu dir ist die wichtigste Beziehung in deinem Leben. Sie ist essenziell für dein Lebensglück. Das hat nichts mit

Egoismus oder Selbstbezogenheit zu tun. Vielmehr handelt es sich um einen liebevollen und verantwortungsvollen Umgang mit dir und deiner Person, der unter anderem auch dafür sorgt, dass du im Umgang mit anderen liebevoller, authentischer und freier von ungesunden Dynamiken und Schutzmechanismen sein kannst.

Wenn du dir selbst genug bist, musst du dein Lebensglück nicht an anderen Personen oder Dingen festmachen. Du gerätst in keine Abhängigkeiten und die Verbindungen mit anderen behalten eine gewisse Leichtigkeit. Damit ist keinesfalls gemeint, dass sie dadurch unverbindlich werden! Deine Beziehungen können sehr intensiv sein, wenn du möchtest – aber du bist nicht auf sie angewiesen. Du selbst kannst dir Liebe schenken und du kannst selbst gut für dich sorgen, wenn du das Konzept der Selbstliebe verinnerlicht hast. Dadurch bist du in der Lage, Verantwortung für dich selbst zu übernehmen, zwischen Bedürfnissen und Bedürftigkeit zu unterscheiden, dich nicht über andere zu definieren und Freiräume für dich und deine Interessen, Bedürfnisse und Lebensträume zu schaffen.

Regelmäßig praktizierte Selbstfürsorge ist ein wichtiger Baustein, wenn du dir dein Lebensglück aufbaust und sie lenkt deinen Blick in die richtige Richtung.

Bist du mit dir und dem, was dir gut tut, vertraut, kannst du auch schwierigere Phasen in deinem Leben meistern und Krisen mit einer gewissen Gelassenheit gegenübertreten.

Du weißt, wie du gut für dich sorgen kannst und schaffst es, Selbstliebe zu zelebrieren – sowohl in deinen Beziehungen mit anderen als auch während der Arbeit, in deinem Umgang mit Medien und Freizeitangeboten und mit deinem Körper und deinem Gefühlsleben.

Die Chance, die daraus erwächst, der eigenen Stimme zu vertrauen, bietet dir so viele Möglichkeiten, dein Leben aktiv und im positiven Sinne zu gestalten, die du mit mangelnder Selbstliebe nicht leben könntest.

Wie ist es bei dir?

- Magst du dich selbst so wie du bist?

- Denkst du, Selbstliebe wäre egoistisch?

- Magst du nur ein früheres Bild von dir oder vielleicht nur ein Zukunftsbild?

- Hast du das Gefühl, dich selbst auch bei Fehltritten annehmen zu können?

- Was magst du an dir besonders gerne?

- Kannst du deine Liebe zu dir zeigen?

- Ist es dir möglich, gut für dich zu sorgen oder fällt dir Selbstfürsorge schwer?

- Stellst du deine Wünsche und Bedürfnisse hintenan, wenn andere Leute in deinem Leben sind?

Bestimmte Themen können immer wieder aufkommen, insbesondere dann, wenn sie dich sehr früh oder sehr einschneidend geprägt haben.

Somit stellt sich eine kontinuierliche Weiterarbeit an der eigenen Person als hilfreich und unbedingt empfehlenswert heraus – auch dann, wenn du denkst, die größten Geister der Vergangenheit erfolgreich bewältigt zu haben.

Dennoch ist es angebracht, bestimmte Aspekte eine Zeit lang ruhen zu lassen und sich nicht nur auf die Bearbeitung von Schwachstellen zu konzentrieren, sondern sich auch aktiv mit der Gestaltung eines glücklichen Lebens im Jetzt auseinanderzusetzen.

Fokussierst du dich während deines gesamten Prozesses der Persönlichkeitsentwicklung ausschließlich darauf, was noch nicht funktioniert, kann dein Leben sehr düster wirken – und auch die geistige Anstrengung sollte bei dieser Form von Arbeit nicht unterschätzt werden.

Eine zeitgleiche Ausrichtung zum Glück und eine aktive Auseinandersetzung mit Dingen, die dir gut tun, die dein Gefühl von Lebensglück verstärken oder dich entspannen, schafft die nötige Balance und lässt die Sonne wieder scheinen. Freue dich auf das, was kommt, auch wenn vielleicht noch nicht ganz klar ist, wohin dich dein Weg auf deiner Reise ins glückliche Leben führen wird.

„Werde wieder wie ein staunendes Kind, das die Welt entdeckt. Jeden Augenblick neu." – Tibetisches Sprichwort

Kapitel 3 –
Glücklichsein als
Entscheidung

W as ist jedoch, wenn ich meine Themen bereits bearbeitet habe und trotzdem das Gefühl habe, dass etwas fehlt?

Was ist, wenn ich eigentlich glücklich sein müsste, aber gar nicht mehr weiß, wie sich das anfühlt?

Was ist, wenn ich „dem Braten nicht traue" und sozusagen nur darauf warte, dass die nächste Katastrophe über mich hereinbricht?

Nahezu jeder von uns kennt Menschen, die solche Gedanken schon einmal mit uns geteilt haben. Da ist die Schwägerin, die vor lauter Yoga, Coaching und spiritueller Arbeit eigentlich längst auf Wolken schweben müsste – aber immer noch mit einem diffusen Gefühl der Unzufriedenheit und Leere kämpft. „Das kann doch gar nicht sein! Ich habe jede Kränkung aus meinem bisherigen Leben bearbeitet. Ich habe mich mit meiner Schattenseite angefreundet. Ich habe Vergangenes losgelassen und Sachen angenommen. Ich halte mich an alles, was ich gelernt habe. Ich müsste der glücklichste Mensch auf Erden sein."

Da ist deine beste Freundin, die ein tolles Leben führt mit Mann, Hund, Eigenheim, tollem Job und ihrem lang ersehnten Kind. „Alles, was ich mir für mein Leben erträumt habe, habe ich. Ich kann mir nicht erklären, was fehlt. Aber irgendwie fühlt es sich nicht rund an. Es ist nicht so, dass das, was ich mir erschaffen habe, doch nicht zu mir passt. Es ist toll. Ich liebe meinen Mann, meinen Hund, mein Kind, unser Zuhause, meine Arbeit. Aber ich fühle mich immer noch nicht glücklich. Was mache ich nur falsch?"

Oder die Kollegin, die frisch verliebt ist und eine Beförderung bekommen hat, aber die ganze Zeit ihrem großen Glück misstraut und geradezu darauf wartet, dass sie enttäuscht wird. „Du kennst mich doch. Ich habe nie Glück. Der Lukas ist einfach zu perfekt für mich. Das wird eh nicht lange halten, dann wird er genug von mir haben. Und die Beförderung? Ach komm, wir wissen doch beide, dass die Chefin einen Fehler gemacht hat, mich auszuwählen. Das wird sie schon bald merken. Vielleicht war es ja auch nur ein Versehen, und sie wollte eigentlich die andere Sonja befördern, nicht mich. Wetten, am Montag habe ich eine E-Mail im Postfach?"

Vielleicht hast du sogar ähnliche Gedanken: Möglicherweise türmen sich tausende „Aber" in dir auf, wenn es darum geht, warum du nicht glücklich sein kannst, darfst oder sollst.

Aber wieso ist das so? Warum machst du das? Sicher nicht, um Aufmerksamkeit oder Mitleid zu bekommen. Du wünschst dir ja selbst so sehr, endlich glücklich zu sein. Da möchtest du selbst deinem Glück am wenigsten im Weg stehen, klar. Warum also all diese Widersprüche? Wieso glauben wir gerade bei uns selbst so hartnäckig daran, dass das Glück nicht wirklich uns meinen kann?

Denn seien wir doch mal ehrlich? Unserer besten Freundin, unserem Sohn oder unserer Patentante würden wir eine neue große Liebe, eine Beförderung, ein Traumleben mit der Familie oder den berühmten Sechser im Lotto doch von Herzen gönnen. Vielleicht mit einer kleinen, gesunden Prise Neid dabei, aber frei von Missgunst – und vor allem frei von Zweifeln, ob diese Person denn jetzt überhaupt das Recht hat, sich angesichts dieses Ereignisses zu freuen. Wir wären vermutlich eher erstaunt oder irritiert, wenn diese Person mit Ablehnung, Unsicherheit und/ oder Negativität reagieren würde. Wer statt zu erwartendem Jubel düstere Zukunftsvisionen verbreitet, wirkt mitunter sogar undankbar.

Also, wie kann es sein, dass du dich trotz bester Voraussetzungen nicht glücklich fühlst?

Stolperfallen bei der Kultivierung von guten Gefühlen

Wenn wir uns die verschiedenen Beispiele der Bekannten und Freunde anschauen, fällt auf, dass es verschiedenste Stolperfallen bei der Kultivierung von guten Gefühlen geben kann. Diese können sich in unterschiedlichster Form ausdrücken, sodass manchmal gar nicht so klar ist, was nun der genaue Grund für die neutrale oder sogar pessimistische Einstellung ist.

Im Folgenden wirst du einige der verbreitetsten Gründe kennenlernen, die dich von deinem Glück abhalten können. Zudem kannst du mittels mehrerer Fragen ergründen, ob du selbst dazu neigen könntest, dich von deinem eigenen Glück abzuhalten. Und natürlich bekommst du Anregungen an die Hand, wie du diesen Mustern begegnen kannst.

Denn die gute Nachricht ist: Nahezu alles, was du dir beigebracht oder angewöhnt hast, kannst du auch wieder verlernen – zumindest bis zu einem gewissen Grad.

Oder aber du lernst, anders mit diesen Mustern umzugehen, ihnen weniger Bedeutung beizumessen und deine Energie umzuleiten. Verwendest du diese für Handlungen und Gedanken, die dir und deinem Glück förderlich sind, wirst du schnell ein wachsendes Maß an Leichtigkeit in deinem Leben bemerken.

Natürlich weißt du, dass sich eingeschliffene Muster nicht von heute auf morgen ändern lassen. Aber du weißt auch, dass du mit der nötigen Disziplin und dem entsprechenden Krafteinsatz ziemlich viel in Bewegung setzen kannst. Du hast es in der Hand! Packen wir es an!

Beschränkungen von außen

Beschränkungen durch dein äußeres Umfeld können sich auch heute noch auf dich und deine Fähigkeit und Bereitschaft, dein Lebensglück zu leben und überhaupt wahrzunehmen, auswirken.

Befindest du dich aktuell in einer schwierigen Lebenssituation? Wer eine chronische Krankheit diagnostiziert bekommen oder einen anderen Verlust erlitten hat und daraufhin mit seinen Kräften haushaltet, wird öfter erleben, dass er oder sie pikiert angeschaut wird, wenn dann doch mal Freude aufkommt.

„Nicht arbeiten gehen können, aber immer ein dickes Grinsen im Gesicht. Die simuliert doch nur.“

„Na, so schlimm kann sie die Trennung ja nicht mitgenommen haben. Hast du gehört, wie die da gestern mit der Karin in der Teeküche herumgegackert hat?“

„Oh je, so eine Tochter möchte ich nicht haben. Macht auf Trauer und lacht dann auf offener Straße, dass sich die Balken biegen. Der geht es wohl zu gut!“

Wer solche Sätze über sich hört – ganz besonders in einer Zeit, in der er jedes Quäntchen Hoffnung und Spaß gebrauchen kann, wie die Luft zum Atmen – dem vergeht die Lust am Lachen, und die Lust am Glücklichsein gleich mit. Weil man dann zu fröhlich ist, um mit seiner psychischen Erkrankung ernst genommen zu werden. Weil dann das Rheuma ja gar nicht so schlimm schmerzhaft sein kann, wenn man noch lachen kann. Weil niemand so strahlen kann, wenn er wirklich reale Sorgen hätte und nicht nur „einen auf Drama-Queen macht“.

Diese Bemerkungen, diese Vorurteile können dazu führen, dass du Hemmungen hast, dich zu freuen.

Auch im Umgang mit anderen, die selbst betroffen sind, kann sich solch eine Dynamik einstellen. Da ist die Partnerin mit der schweren Arthritis, die gezeichnet von einem Schub auf dem Sofa sitzt, und der man dann nicht gerade sagen möchte, wie toll das Leben momentan ist.

Oder die gute Freundin, der man am liebsten alles von den Hochzeitsvorbereitungen erzählen würde, aber davon absieht, weil sie gerade ganz schlimm verlassen wurde und „diese glücklichen Paare einfach nicht ertragen" kann.

Also nimmst du dich zurück, teilst das Leid mit den anderen. Das ist kein Problem und gehört zu guten Beziehungen dazu.

Bist du aber nur umgeben von Leuten, die kein Interesse daran haben, Positives aus deinem Leben zu hören und nur aufmerksam sind, sobald es dir schlecht geht, kann das deinen Blickwinkel und deine Ausrichtung gewaltig verändern.

Wir Menschen sehnen uns nach Kontakt und Anschluss. Wir wollen gehört werden. Werden wir nur beachtet, wenn wir leidvolle Erfahrungen teilen oder in das allgemeine Gejammer mit einstimmen, klagen und leiden wir mit. Dabei verlieren wir vollkommen aus dem Blick, welche wunderschönen Bestandteile das Leben hat.

Dein Umfeld kann dich somit, auch als erwachsener Mensch, sehr deutlich darin beeinflussen, wie du dein Lebensglück nimmst.

Möglicherweise hast du unterschwellig auch bemerkt, dass es bei deinen Kollegen gar nicht gut ankommt, wenn du an einem Montagmorgen zufrieden in die Woche startest und dich von der allgemeinen schlechten Laune um dich herum nicht anstecken lässt.

„Muss die immer so penetrant gut gelaunt sein?"

„Ja, das wirkt total künstlich."

„Will sich sicher nur beim Chef einschleimen."

„Echt mal. Kein Mensch hat einen Grund, so gut gelaunt zu sein."

Das Glücklichsein kann auch als so starke Provokation gewertet werden, dass mit noch schärferen Geschützen geschossen wird. Dazu musst du nicht auf einer Beerdigung einen Lachanfall bekommen oder andere unangemessene Dinge tun. Manchmal reicht es sogar schon aus, einfach nur Glück auszustrahlen, weil die anderen sich vorgeführt fühlen, sich durch dich verunsichern lassen, in ihren Routinen gestört werden oder einfach das Gefühl haben, du wolltest angeben, mit deinem ach so perfekten Leben. Auch wenn du dir gar nichts dabei gedacht hast und einfach nur ein wenig gute Laune verbreiten wolltest.

Hast du Leute in deinem Umfeld, die immer nur mit dir sprechen, wenn es dir schlecht geht?

Erfährst du mehr Beachtung, wenn du mit negativen Nachrichten kommst?

Schämst du dich manchmal für deine Freude?

Traust du dich gegenüber Freunden, denen es schlecht geht, nicht, von deinen schönen Momenten zu berichten?

Hast du liebe Menschen, bei denen du dich von Herzen freuen kannst, ohne Zensur?

Gewohnheit

Menschen mögen es bequem, genau wie der berühmt-berüchtigte „innere Schweinehund".

Etwas so zu tun, wie man es schon immer gemacht hat, ist angenehm: Es bietet keine unangenehmen Überraschungen, man weiß um den Arbeitsaufwand und das Ergebnis und auch das Umfeld ist darauf eingestellt. In unserem Alltag greifen wir immer wieder auf Routinen und gewohnte Handlungsmuster zurück. Das ist sehr hilfreich für uns: So ersparen wir uns unnötige Entscheidungsprozesse und können unsere Gehirnkapazitäten für andere Dinge nutzen.

Wir erfahren auch dadurch Entlastung, dass wir die Verantwortung für unser Handeln gewissermaßen abgeben können: Das wurde schon immer so gemacht. Gerade, wenn wir Handlungsmuster übernehmen, die gesellschaftlich akzeptiert sind und somit während der Sozialisation vermittelt werden, kann es uns schwer fallen, diese überhaupt zu hinterfragen. Wir erleben sie als selbst gewählt, haben sie uns aber möglicherweise nur zu eigen gemacht und fühlen uns mitunter gar nicht so gut damit.

Wenn wir dann plötzlich bestimmte Dinge nicht mehr in unser Leben lassen wollen, sehen wir uns einem Umfeld gegenüber, das an den übernommenen Handlungsmustern festhält.

Erinnerst du dich noch an „Klein-Kiki" aus der Grundschule? Mit über 30 Jahren, als gestandene Frau, Chefin eines Konzernes und Mutter eines Kindergartenkindes, möchte sie endlich als Kirsten angesprochen werden. Und doch fällt jeder wieder zurück und auch dir liegt „Klein-Kiki" auf der Zunge, wenn du sie ansprechen möchtest. Das hat nichts damit zu tun, dass du den Wunsch deiner Bekannten nicht respektieren möchtest. Vielmehr liegt es daran, dass auch dein Gehirn gerne gewohnte Wege geht. Es hat die Person mit dem Namen „Klein-Kiki" verknüpft. Sie mit ihrem eigentlichen Namen anzusprechen, das erfordert einen Extragedanken. Es erfordert Arbeit. Diese Arbeit ist natürlich nicht immens und wenn du Kirsten öfter über den Weg laufen solltest, wirst du dich schnell umgewöhnen. Wie ist es nun aber mit Denkmustern oder Handlungsweisen, die du seit Jahren ausgeübt hast?

Stell dir zwei Wege zu einem Haus vor: Der linke ist groß und breit und die Erde ist schön festgetreten. Das liegt daran, weil du immer den linken Weg bevorzugst und er sich somit immer leichter gehen lässt. Er wirkt auf den ersten Blick unkomplizierter und du kommst wesentlich schneller zum Ziel, als wenn du den rechten Weg gehst. Diesen hast du bisher gemieden, denn er ist uneben, voller Gestrüpp und dadurch wirklich anstrengend. Er erfordert deine Aufmerksamkeit. Du kannst nicht nebenbei eine SMS tippen oder in Gedanken die Einkaufsliste zusammenstellen, wenn du ihn entlanggehst. Du musst voll präsent sein. So verhält es sich auch, wenn du dich für glücklichere Verhaltensweisen und Gedanken entscheidest. Du musst dich umgewöhnen, neu ausrichten und darauf achten, nicht in alte Gewohnheiten zu verfallen.

Zudem kann es sein, dass du mit bestimmten Verhaltensmustern auch Zugehörigkeitsgefühle vermittelst – selbst dann, wenn du die Muster nicht magst. Vielleicht passen sie nicht mehr zu deinem jetzigen Leben, vielleicht haben sie sich schon immer falsch angefühlt – aber sie erinnern dich an deine geliebte Oma. Was würde sie denken, wenn du jetzt einfach auf Make-up verzichtest, weil du dich so freier und glücklicher fühlst? Sie hat dir doch alles beigebracht! Missachtest du dann ihr Erbe?

Auch Familienstrukturen leben mit von Traditionen. Es kann für Aufruhr sorgen, wenn du plötzlich sagst, dass du nicht mehr jeden Sonntag zum Familientreffen kommen, sondern an deinem freien Tag auch mal ins Grüne fahren möchtest.

Es ist nicht immer leicht, Gedanken oder Tätigkeiten, die uns an einen wichtigen Menschen erinnern, hinter uns zu lassen. Gegensätzliche Emotionen können ebenso aufkommen wie die Befürchtung, seine Wurzeln zu verraten.

- Wie ist es bei dir?
- Fällt es dir schwer, Altes hinter dir zu lassen?
- Machen dir Veränderungen Angst?
- Ziehst du Sicherheit daraus, wenn du etwas so tust, wie es schon immer getan wurde?
- Welches Gefühl vermitteln dir Traditionen?
- Hast du die Befürchtung, jemanden zu verraten oder zu verlieren, wenn du alte Gewohnheiten brichst?

Stress und Zeitmangel

Wie du bereits erfahren hast, ist das Kultivieren von neuen Gewohnheiten schwierig für einen Menschen. Als Gewohnheitstier hält er gerne an dem fest, was er kennt. So kann er die Reaktionen anderer gut voraussehen und weiß auch, wie er selbst reagieren wird.

Unsicherheit ist immer mit einem Gefühl von Anspannung verbunden. Und auch die Denkleistung und Emotionsarbeit ist beim Einschlagen neuer Wege nicht zu unterschätzen, wie du eben erfahren hast. Deswegen sind Stress und Zeitmangel zwei ausschlaggebende Faktoren, wenn es darum geht, neue

Glücksgedanken und Glückshandlungen in das Leben zu integrieren.

Hast du gerade zu viele Baustellen zu bedienen, kann es einfach zu viel sein, neue Verhaltensmuster zu integrieren. Wenn du ohnehin schon nicht weißt, wie du vor lauter Stress abends in den Schlaf finden sollst, dann kann sich zusätzliche Gedankenarbeit massiv anfühlen.

- Bist du momentan bei der Arbeit stark eingebunden?
- Hast du Zeit für Ruhemomente im Alltag oder kommst du erst am Wochenende dazu, auszuspannen?
- Wie steht es um die Betreuungs- und/oder Fürsorge-Aufgaben in deiner Familie? Übernimmst du diese?
- Möchtest du manchmal vor Erschöpfung einfach nur weinen?
- Welche Stressfaktoren sind in deinem Leben aktuell besonders prägnant?

Mediale Verunsicherung

Wenn unsere Einstellung zum Glück zu Beginn noch sehr fragil ist, reichen manchmal ein paar falsche Worte, um uns zu verunsichern. Der Schwall an negativen Neuigkeiten und Dramen, der uns entgegenkommt, wenn wir uns mit den Massenmedien auseinandersetzen, kann dann einen echten Rückschritt auslösen. Wie soll man glücklich sein in einer Welt, in der so viel Schreckliches passiert? Und wie können wir zufrieden mit uns, unserem Leben und unserer Leistung sein, wenn uns in den Sozialen Medien scheinbar perfekte Menschen ihren Influencer-Lifestyle präsentieren und dabei ein Produkt oder eine Marke verkaufen möchten?

Monika Schmiderer setzt sich in ihrem Buch *Switch Off* und *Hol dir dein Leben zurück* mit den negativen Folgen eines unkontrollierten Medienkonsums auseinander. Sie zeigt Risiken auf und gibt zu bedenken, dass der Umgang mit dem modernen Unterhaltungs- und Medienangebot zur digitalen Stressfalle werden kann. „Die Massenmedien und auch die Unterhaltungsindustrie geben der Hysterie, der Panik, dem Terror und den daraus resultierenden Krisen ohnehin bereits den größten Raum in der Berichterstattung und in den Drehbüchern."

Wenn du dieser einseitigen Berichterstattung nicht grenzenlos ausgeliefert sein möchtest, wähle bewusst, wie und wo du an deine Informationen kommst. Schließlich sollst du keineswegs den Kopf in den Sand stecken oder das Weltgeschehen ignorieren. Nur weil wir etwas nicht sehen, bedeutet es ja nicht, dass es nicht da ist. Und es ist immer angenehmer, gut informiert zu sein. Du kannst entscheiden, welche Quellen du zur Informationsgewinnung nutzen willst. Wenn du auf reißerische Medien mit dramatischen Bildern oder Videos mit Clickbait-Titeln verzichtest, hast du schon für deutlich mehr Ruhe in deinem Emotionshaushalt gesorgt.

Überlege dir auch, ob wirklich den ganzen Tag das Radio laufen soll und du so zu jeder vollen oder halben Stunde die neuesten Schreckensnachrichten hören musst. Die sinnvolle Herangehensweise „Erst reflektieren, dann reagieren" lässt sich bei stark emotional aufgeladenen Nachrichten leider nicht immer umsetzen. So mag dein Stresspegel sofort nach oben schießen, wenn du eine schlimme Nachricht hörst und du musst dann erst wieder mühsam daran arbeiten, alles zu relativieren und zu überprüfen.

Weitere Risiken sieht Schmiederer in der Gefahr, der digitalen Identität zu viel Bedeutung beizumessen: Wenn Likes und Herzchen wichtiger werden als körperlicher Austausch und gute Gespräche im realen Leben, führt das über kurz oder lang zu Einsamkeit und damit auch zu weiteren körperlichen und seelischen Problemen, die deinem Lebensglück schaden. Zudem kann das Aufrechterhalten einer glücklichen Internetpersönlichkeit ziemlich unglücklich machen, denn du bist sehr viel Druck ausgesetzt und stehst auch immer in einem Wettbewerb zu anderen Kreatoren.

Auch ist die Gefahr des Over-Sharings recht groß – vor allem dann, wenn du sehr glücklich oder sehr traurig bist. Sicherlich kennst du auch den Spruch „Sharing is caring", aber vermutlich wirst du nach dem ersten Überschwang der Gefühle feststellen, dass du manches doch besser für dich behalten hättest. Jeder Mensch hat ein anderes Verständnis von Privatsphäre, aber wir alle haben etwas in unserem Leben, dass wir nur mit unseren engsten Menschen teilen oder sogar nur für uns genießen oder verarbeiten möchten.

Diese stillen Momente, fernab von Bewertung und Kommentaren, sind wichtig für das eigene Seelenleben: Sie helfen dir dabei, eine eigene Meinung zu Dingen zu entwickeln und geben dir einen sicheren Raum dafür.

- Wie ist es bei dir?

- Bist du immer online?

- Bist du mehr damit beschäftigt, das perfekte Foto von einem Konzert oder einem Essen zu machen, statt zu genießen?

- Fühlst du dich nach dem Scrollen durch deinen Newsfeed ängstlich oder gestresst?

- Bemerkst du, dass du Gefühle, wie Unzulänglichkeit oder Neid verspürst, wenn du auf Social Media unterwegs bist?

- Gehen dir die Bilder aus den Nachrichten noch lange durch den Kopf?

- Kannst du nach Katastrophen- oder Horror-Filmen lange nicht einschlafen?

Mangelnde Disziplin

Disziplin ist vielleicht nicht unbedingt die Eigenschaft, die man mit dem großen Glück in Verbindung bringt. Bei dem Wort Glück kommen eher Gedanken an Spontaneität, Zufall und ein Gefühl von Leichtigkeit auf.

Aus Kapitel 1 – Was fehlt dir zum Glück? – wissen wir allerdings, dass das spontane Glück nicht das einzige Glück in unserem Leben ist. Wonach die meisten von uns streben, ist das Lebensglück. Sich für sein ureigenes, hoch persönliches Lebensglück zu entscheiden, bedeutet, sich bewusst für die Arbeit am Glück zu entscheiden. Natürlich passt dies nicht unbedingt mit der romantischen Vorstellung zusammen, positive Gefühle würden einem zufallen, wenn doch eigentlich alles in Ordnung ist.

Aber genau wie bei Beziehungen, die nicht plötzlich für immer rosarot bleiben, nachdem der Prinz oder die Prinzessin auf dem weißen Ross aufgetaucht ist, will auch das eigene Leben gepflegt werden.

Hatten wir als Teenager vielleicht noch die niedliche Vorstellung, mit dem richtigen Menschen an unserer Seite würde es nie Streit geben und die Beziehung wäre für immer glücklich, lernen wir, wenn wir älter werden und mehr Beziehungserfahrungen gemacht haben, dass zu jeder Beziehung auch Beziehungsarbeit gehört. Das beschränkt sich natürlich nicht nur auf romantische Beziehungen zu unserer Partnerin oder unserem Partner. Nein, auch Freundschaften wollen gepflegt werden, ebenso wie der Kontakt zu der Familie, den Nachbarn und anderen Menschen in unserem Leben.

In unserer Jugend bekommen wir die Chance, uns auszu-probieren und das Einnehmen verschiedener sozialer Rollen zu lernen, ebenso wie die Pflege von Beziehungen.

Aber nur wenige von uns lernen, wie sie eine gute Beziehung zu sich selbst pflegen können, dass auch hier stetige Beziehungsarbeit gefordert ist. Diese Arbeit ist nicht negativ besetzt, denn in der Regel ist es schön, sich mit sich selbst auseinandersetzen zu können, die Chance zu haben, sich etwas Gutes zu tun, sich weiterzuentwickeln. Aber es gibt eben auch Durststrecken in unserem Leben, in denen uns der Kontakt zu uns selbst schwer fällt, in denen wir uns nicht mögen und gar nichts von uns wissen wollen. Zeiten, in denen wir uns hinter Arbeit, zu viel Sport, Fernsehen, Schokolade oder schnellen Liebschaften verstecken, nur um nicht mit uns selbst in Berührung zu kommen. Phasen, in denen es anstrengend ist, in denen es weh tut, hinzuschauen, sich zu kümmern und in denen wir die Verantwortung abgeben möchten.

Oder Momente, in denen es so gut läuft, dass wir nachlässig werden. Es geht jetzt gut, da kann ich ruhig wieder ein wenig mehr arbeiten, ein wenig schlechter essen, ein wenig länger aufbleiben – und zack, steckt man wieder drin in alten Mustern, die einem – wie man doch eigentlich weiß – überhaupt nicht bekommen.

Die Meditationslehrerin und Autorin Marie Mannschatz spricht von der ersten kostbaren Eigenschaft, wenn sie von Energieeinsatz redet. In ihrem Buch *Mit Buddha zur inneren Balance* stellt sie sieben Faktoren des Erwachens vor, die uns dabei helfen können, zu uns selbst vorzudringen und ein friedliches und harmonisches Leben zu genießen. Der Energieeinsatz ist die erste dieser Eigenschaften. Laut Mannschatz können sich geistige Kräfte, wie Einfühlungsvermögen, Selbstachtung oder entschiedenes Handeln, ähnlich wie Muskeln durch kontinuierliches und aktives Trainieren stärken.

Jeder von uns kennt den „inneren Schweinehund", der auftaucht, wenn ein Sporttermin im Kalender steht. Aber wir gehen zum Termin, denn wir wissen ja, dass es unseren Körper stärkt und uns hilft, gesünder und fitter zu sein.

Wenn wir eine solche Disziplin ebenso an den Tag legen, wenn es darum geht, unsere Glücksmomente zu gestalten und zu zelebrieren, unseren Blickwinkel neu auszurichten und selbstschädigende Gewohnheiten durch Selbstliebe und Selbstfürsorge zu ersetzen, können wir erstaunlich schnell Verbesserungen erleben.

- Hast du schnell Ausreden parat, wenn du dich müde fühlst oder keine Lust hast?

- Erlebst du dich als pflichtbewusst oder drückst du dich eher?

- Wie fühlt sich diese Selbsteinschätzung an?

- Gibt es etwas, was du nie vernachlässigst? Worum handelt es sich und was hält dabei deine Motivation oben?

- Kannst du dir kleine Teilaufgaben gestalten, die sich leichter abarbeiten lassen?

- Lässt du dich von Misserfolg oder Fehltritten so stark entmutigen, dass du dazu neigst, ganz aufzugeben?

Bewusste Entscheidung zum Glücklichsein

„Glück ist kein Geschenk der Götter, sondern die Frucht innerer Einstellung." - Erich Fromm

Was kann ich nun also tun, wenn ich meine Stolpersteine kenne?

Zunächst hilft es, die eigene Position zu ermitteln. Wo stehe ich gerade? Wo liegen meine Schwierigkeiten? Wo hakt es? Von dort aus kannst du überlegen, wer du bist und welches Leben du führen möchtest.

Dazu muss keineswegs alles bis ins kleinste Detail geplant sein und du benötigst auch keinen minutiösen Ablauf. Aber eine kleine Route zur Orientierung kann sehr hilfreich sein – vor allem, wenn du Hindernisse aus dem Weg räumen möchtest. Erinnere dich an das Beispiel mit der Renovierung. So wenig Sinn es macht, die Fenster zu putzen, nur um danach neue Scheiben einzusetzen, so wenig Sinn macht es auch, Abläufe zu optimieren, die du am besten durch etwas vollkommen anderes ersetzt.

Weißt du, wohin es gehen soll, kannst du schauen, was dir bereits an Ressourcen zur Verfügung steht.

Die eigenen Stärken zu aktivieren und sich der bereits vorhandenen Ressourcen bewusst zu werden, kann sehr motivierend sein und dir zudem das so wichtige Gefühl von Selbstwirksamkeit vermitteln.

Du spürst, dass du etwas bewegen kannst, jetzt und mit den aktuell vorhandenen Mitteln. Möglicherweise muss auch die Umsetzung einiger Sachen noch eine Weile warten, aber das Wichtigste ist: Du bist nicht zum Stillstand gezwungen. Stillstand kann uns mürbe machen, denn wir assoziieren Hilflosigkeit und Machtlosigkeit damit und geraten schnell in eine Abwärtsspirale aus äußerer und innerer Lähmung.

Du jedoch hast deine Kreativität, deinen Willen und deine gesamten kognitiven und körperlichen Fähigkeiten und Fertigkeiten, die du zu deinem Wohle einsetzen kannst.

Kennst du den Spruch: „Nach all den Jahren des Selbsthasses habe ich nun damit begonnen, all die Energie, die ich darauf verwendet habe, mich selbst zu verachten, darauf zu verwenden, mich selbst zu lieben?"

Was machen diese Zeilen mit dir, wenn du sie liest? Gibt es dir das zarte Gefühl einer Ahnung, dass dies auch für dich ein Weg sein könnte?

Stelle dir einmal folgende Fragen:

- Was wäre, wenn ich mich annehmen könnte, so wie ich bin?

- Was würde passieren, wenn ich mein Lebensglück in den Mittelpunkt stelle?

- Was wäre, wenn ich mich selbst als glücklichen Menschen bezeichne?

- Hätte ich das Gefühl, ich würde lügen oder angeben oder würde es sich gut anfühlen?

- Was würde sich dadurch vermutlich noch verändern?

- Welche Stärken habe ich, die mich bei der Umsetzung

meines Lebensglückes unterstützen können?

- Auf welche Ressourcen kann ich noch zurückgreifen? Verfüge ich über finanzielles Kapital, mit dem ich mir Fortbildungen oder Wünsche ermöglichen kann?

- Habe ich Freunde oder Bekannte, die mich mit Ideen, Austausch sowie ihren Fähigkeiten und Fertigkeiten unterstützen können?

- Welche Kenntnisse habe ich, die ich aktivieren kann? Wie und wo kann ich das lernen, was mir noch fehlt?

Lucius Anneus Seneca wird der Ausspruch: „Glücklich ist nicht, wer anderen so vorkommt, sondern wer sich selbst dafür hält" zugeschrieben. Dieser macht wunderbar deutlich, dass der erste Schritt in ein glückliches Leben eine bewusste Entscheidung dafür ist.

Auch deine Ehe oder Beziehung, dein Beruf oder deine Ausbildung begann mit einer Entscheidung dafür. Du hast „Ja, ich will diese Person, diese Position, diese Ausbildung!" gesagt. Auch wenn dir vorab niemand sagen konnte, ob das klappt. Und auch, wenn es umfasst, dass es manchmal Tage gibt, an denen du deinen Herzensmenschen am liebsten „auf den Mond schießen" möchtest. Phasen, in denen dich deine Kollegen nerven und du mit Überforderung oder Unterforderung zu kämpfen hast. Oder in Momenten, in denen du gar nicht weißt, warum du eigentlich genau diesen Berufszweig gewählt hast.

Aber du hast „Ja!" gesagt und du kämpfst für deine Entscheidung, wenn es sein muss.

Genauso lässt es sich handhaben, wenn du dich für ein glückliches Leben entscheidest.

Natürlich sichert dich diese Entscheidung nicht gegen die Widrigkeiten des Lebens ab. Es wird immer wieder dunkle Tage und Krisen geben. Aber weil du dich auf die Sonne in deinem Leben fokussierst, fällt es dir leichter, durch die dunklen Tage hindurchzugehen: So eingestellt, kannst du Ausschau nach einem

Regenbogen halten, wenn die Sonne sich wieder vorwagt. Und bis dahin, kannst du das Geräusch der prasselnden Regentropfen genießen und durch die Pfützen springen.

Ähnlich verhält es sich, wenn du dich für dein Lebensglück entscheidest.

Die Entscheidung allein wird nicht dazu führen, dass sich dein Leben um 180 Grad ändert. Sie wird dich auch nicht vor traurigen Erlebnissen, Krisen oder Verlusten bewahren.

Aber sie führt dazu, dass du dich bewusst dafür entscheidest, deinem Leben eine neue Wendung zu geben: Du begibst dich sozusagen auf die Sonnenseite des Lebens, statt weiter über den Schatten zu jammern.

Glücksbrille aufsetzen

„Es gibt überall Blumen für den, der sie sehen will." - Henri Matisse

Eine sehr einfache Möglichkeit, sich auf die Sonnenseite zu begeben, ist, aktiv nach Sonnenstrahlen Ausschau zu halten. Matisse zeigt mit seinem Ausspruch ganz deutlich, dass es nahezu in jeder Situation auch die Chance gibt, etwas Schönes zu entdecken. Selbstverständlich ist die Wahrscheinlichkeit, prächtige Blumen zu entdecken, in einem Botanischen Garten oder auf einer Sommerwiese höher, als in einem Industriegebiet – aber vielleicht überrascht dich da an einer Straßenecke ein hartnäckiger Löwenzahn mit strahlend gelbem Blütenkopf vor dunklem Beton oder ein Efeu, der sich malerisch an einer Hausmauer entlangrankt.

Es gibt überall Blumen, du musst nur etwas aufmerksamer suchen. Und so verhält es sich auch mit Glücksmomenten. Die großen Glücksmomente, etwa ein Gewinn bei der Lotterie, der Heiratsantrag, die geglückte Prüfung, die Beförderung oder der Einzug in eine neue Wohnung, sind leicht zu erkennen. Sie sind präsent und auffällig und klar als glückliche Ereignisse markiert.

Unsere Freunde feiern mit uns und das Glück verstärkt sich allein durch den Status, den es als Ereignis in der Gesellschaft zugeschrieben bekommt.

Aber wir haben nicht jeden Tag solche besonderen Ereignisse auf der Agenda stehen. Stattdessen erwarten uns Dinge wie der Wocheneinkauf, der Anruf bei den Stadtwerken, ein Elternabend und eine Steuererklärung, die schnell noch gemacht werden soll.

Jetzt musst du ein wenig genauer hinschauen, um Glücksmomente aufzuspüren. Die Glücksbrille aufzusetzen – sich also bereits morgens fest darauf einstellen, schöne Momente zu erkennen, aktiv wahrzunehmen und abzuspeichern – kann dann wahre Wunder bewirken.

Es gibt verschiedene Tricks, wie du dir die alltäglichen, kleinen Glücksmomente wieder bewusst machen kannst.

Fällt es dir schwer, überhaupt etwas in der täglichen Hektik wahrzunehmen, kannst du dich auf ein bestimmtes Teilgebiet konzentrieren. Du kennst das sicher aus anderen Situationen, etwa, wenn du auf eine Babyparty eingeladen bist und dringend noch ein Geschenk brauchst. Plötzlich fallen dir unterwegs ständig Schwangere, Eltern mit Kinderwagen und Geschäfte mit Babymode, Spielzeug oder anderen Artikeln für Neugeborene ins Auge. Diese waren auch schon vorher da und sind nicht plötzlich magisch in deiner Umgebung aufgetaucht. Aber du hast sie nicht wahrgenommen, weil du dein Umfeld vorher durch einen Filter betrachtet hast. Das Gehirn filtert für uns sehr viele Reize aus, die für unser Überleben aktuell nicht wichtig sind. So können wir uns auf essenzielle Dinge, Personen und Aktivitäten konzentrieren. Besonders wichtig ist es natürlich, auf potenzielle Gefahren zu achten. Auch negative Ereignisse werden gut abgespeichert. So können wir uns beim nächsten Mal möglicherweise schon vor diesen Gefahren schützen.

Wenn wir nun auf die guten Dinge im Leben, also auf unsere Glücksmomente, achten möchten, müssen wir uns ein wenig umerziehen und den Fokus gezielt auf das Schöne lenken.

Magst du Hunde? Dann achte in den kommenden Tag doch mal darauf, wo du überall Hunde siehst. Was machen sie? Bringen sie dich zum Lachen? Sind sie niedlich anzuschauen oder kraftvoll und stark?

Oder bleib bei Matisse und schau, wo dir überall im Alltag Blumen begegnen – auch an Stellen, an denen du es nicht erwartet hättest! Beim Arzt im Wartezimmer lacht dich plötzlich ein schöner Hortensienstrauß an und bei deinem Steuerberater steht eine prachtvolle Kastanie vor dem Fenster, wunderbar!

Beliebt ist auch das Sammeln von Glücksmomenten, um sich klar zu machen, wie oft es diese tatsächlich gibt, wenn man bewusst darauf achtet. Fülle dafür eine Hosen- oder Jackentasche mit trockenen Linsen oder Bohnen oder etwas anderem, was du gerne anfasst und lass für jede schöne Begegnung, jedes ausgetauschte Lächeln, jedes liebe Wort, die grüne Ampel, den netten Brief und die Frau, die dich an der Kasse vorgelassen hat, eine Bohne von der einen Tasche in die andere wandern. Dieser Akt macht den Glücksmoment greifbar und abends wirst du erstaunt sein, wie voll deine andere Tasche geworden ist.

Alternativen dazu können ein Glücksbüchlein oder auch ein Heft sein, in welchem du alle Komplimente oder lieben Worte aufschreibst, die du am Tag bekommst.

Dankbarkeit leben

„Glück entsteht oft durch Aufmerksamkeit in kleinen Dingen, Unglück oft durch die Vernachlässigung kleiner Dinge." - Wilhelm Busch

Eng verknüpft mit dieser Übung ist auch das aktive Ausleben von Dankbarkeit.

Das eigene Glück sehen und schätzen zu lernen, ist eng mit dem Gefühl der Dankbarkeit verknüpft. Dankbare Menschen sollen nicht nur optimistischer eingestellt sein, sondern sich auch glücklicher fühlen. Das ist interessant, denn Forscher aus dem Fachgebiet der Neurologie gehen zwar davon aus, dass es einigen Menschen aufgrund ihrer genetischen Voraussetzungen leichter fällt, Glück zu empfinden, aber es ist mittlerweile auch klar, dass Sozialisation und Einstellung viel daran ändern können, wie ein Mensch sein Glücksempfinden wahrnimmt.

Das Gefühl von Dankbarkeit muss dabei nicht zwingend an eine bestimmte Person gerichtet sein. Natürlich kannst du deinen Liebsten für die guten Gespräche Dankbarkeit zum Ausdruck bringen oder deiner Kollegin für die tolle Zusammenarbeit. Auch deine Postbotin freut sich über ein ehrliches Dankeswort ebenso wie die Reinigungskräfte, die sich um deine Straße kümmern.

Aber du kannst deine Dankbarkeit auch einfach allgemein aussprechen und damit alle oder niemand bestimmten meinen. Vielleicht ist dein Dank auch an ein übergeordnetes Dasein gerichtet, vielleicht an einen Gott, wenn du an einen glaubst, an einen Schutzengel oder an ein Gefühl, das dir viel bedeutet.

Auch dich solltest du nicht vergessen, wenn du einen Dank äußerst – schließlich gibt es viele Gründe, dir selbst gegenüber Dankbarkeit auszusprechen. Danke deinem Körper, dass er dir ein Zuhause ist, deinem Geist, dass er dich sicher durchs Leben trägt und deinem Herz, dass es so kraftvoll schlägt und lieben kann.

Es gibt geführte Dankbarkeitsmeditationen, die du sowohl auf CDs als auch im Internet finden kannst. Mit diesen kannst du dich prima in das Thema einstimmen. Sie sind sehr gut geeignet, wenn es dir erst mal komisch vorkommt, dich einfach so bei deiner Leber zu bedanken, dass sie so einen tollen Job macht oder deine Hände mit dankbaren Worten zu massieren, weil sie dir so wichtige Dienste leisten.

Weit verbreitet sind mittlerweile auch sogenannte Dankbarkeitstagebücher. Diese findest du im Buchhandel. Es handelt sich um kleine Büchlein mit kalendarischer Einteilung, die dir jeden Tag ein paar Gedankenanregungen geben, wofür du am jeweiligen Tag dankbar sein könntest. Für welche Gespräche warst du dankbar? Für welche Begegnungen? Für welche Geräusche und für welche Speisen? Wenn man erst mal ins Nachdenken kommt, fallen einem immer mehr Sachen ein. Gerne auch Dinge, die uns aktuell selbstverständlich erscheinen, ohne die wir aber ganz deutlich etwas vermissen würden.

Du kannst deine Dankbarkeitsmomente in kurzen Stichpunkten niederschreiben, sie zeichnen, vertonen – lass deiner Kreativität freien Lauf. Wichtig ist es, dass du dein kleines Dankbarkeitsritual möglichst regelmäßig abhältst, damit dir bewusst wird, wie viele gute Momente es am Tag gibt und damit du dich neu ausrichten kannst. Das Ganze muss nicht viel Zeit in Anspruch nehmen. Möchtest du dir allerdings mehr Zeit damit lassen, kannst du natürlich auch selbst ein Dankbarkeitsbuch für dich gestalten und dir mehr Raum und Zeit zum Notieren dieser Momente geben.

Auch diese Übung ist wunderbar dazu geeignet, sich einiges bewusst zu machen: Was ist schon vorhanden, wo möchte ich noch mehr? In welchen Bereichen erlebe ich wenige Glücksmomente, in welchen verspüre ich wenig Dankbarkeit. Woran liegt das? Was kann ich selbst daran ändern?

Zudem ist dein Dankbarkeitstagebuch eine tolle Wunderwaffe gegen Bedrücktheit, düstere Gedanken und eine negative Einstellung. Wenn du das nächste Mal von Gedanken wie „Immer muss das mir passieren. In meinem Leben läuft sowieso nie etwas gut!" drohst überschwemmt zu werden, dann schnappe dir dein Büchlein und blättere durch die Tage der letzten Woche oder sogar durch den Monat! Evolutionsbedingt vergessen wir die schönen Dinge recht schnell, aber schwarz auf weiß notiert, können sie nicht mehr in Vergessenheit geraten. So können sie dich rasch aus einem Tief holen und die Sicht auf dein Leben und die Dinge wieder geraderücken.

Eine schöne Familientradition ist das gemeinsame Danken. Du kennst das vielleicht aus dem christlichen Glauben aus dem

Tischgebet oder dem Erntedankfest. Aber das gemeinsame Danken muss sich nicht nur auf die gemeinsamen Mahlzeiten beziehen. Statt abends mit dem Lieblingsmenschen im Bett zu liegen und von all den kleinen und großen Katastrophen zu erzählen, schlag doch stattdessen mal vor, dass jeder von euch drei Dinge aufzählt, für die er an diesem Tag dankbar ist. Du wirst sehen, dass das gleich für eine viel harmonischere und zufriedenere Stimmung sorgt – beste Bedingungen für noch mehr Glück in eurer Beziehung und in eurem Leben.

Auch mit deinen Kindern kannst du ein solches Ritual zelebrieren. Es eignet sich wunderbar für die Zeit vor dem Einschlafen, wenn ihr den Tag noch mal Revue passieren lasst und die Kleinen zur Ruhe kommen. Das kann ein sehr verbindender Augenblick sein und deinem Nachwuchs auch dabei helfen, eine optimistische Grundhaltung zu erlernen. Zudem freuen sich auch Kinder sehr über ein ernst gemeintes Danke und können wunderbar daran wachsen, wenn man ihnen mit offener Wertschätzung begegnet und sie anerkennt.

Was hältst du außerdem davon, die alte Tradition des Verfassens von Dankeskarten aufleben zu lassen? Diese kannst du an liebe Menschen verschicken, die dich zu deinem Geburtstag bedacht haben oder mit denen du einen tollen Abend verbracht hast. Auf diese Weise verbreitest du durch deine Dankbarkeit sogar noch gute Stimmung, was sich nicht nur positiv auf dich, sondern auch auf dein Umfeld auswirken wird.

- Wie geht es dir nach diesem Abschnitt über Dankbarkeit?
- Was kommt dir in den Sinn, wenn du an Dankbarkeit denkst?
- Wem bist du dankbar?
- Wofür bist du dir selbst dankbar?
- Hättest du Lust, ein Dankbarkeitstagebuch zu führen?
- Wie findest du die Idee mit dem familiären Dankbarkeitsritual?
- Wie fühlt sich Dankbarkeit für dich an?

Kapitel 4 –
Im Jetzt leben

Die Glücksübungen sind eine wunderbare Möglichkeit, den Fokus auf das eigene Glück zu lenken.

Verstärken lässt sich dieser Blickwinkel dadurch, dass du beginnst, im Jetzt zu leben.

Vielleicht kennst du den Spruch: „Wenn ich gehe, gehe ich. Wenn ich sitze, dann sitze ich. Wenn ich esse, dann esse ich." Er kommt aus dem Zen, einer buddhistischen Strömung.

Eigentlich hört sich das ja ganz logisch an, oder? Aber was machst du, wenn du gehst? Bist du dann schon in Gedanken beim Abendessen und überlegst, was du mit deinem Partner alles zu besprechen hast? Wenn du sitzt, denkst du dann an deine Rückenschmerzen, an die nervige Sitzung bei dem Physiotherapeuten gestern Morgen und dass du nächsten Donnerstag schon wieder dort hingehen sollst, obwohl du doch anschließend den wichtigen Termin bei der Arbeit hast? Und wenn du dann beim Essen sitzt, fragst du dich innerlich, wo Sohnemann schon wieder bleibt, stellst die Gästeliste für die Konfirmation von Töchterchen zusammen und machst dir innerlich eine Notiz, dass der Restmüll noch raus gestellt werden muss?

Du merkst, es ist gar nicht so leicht, im Alltag bewusst bei dem zu bleiben, was man gerade tut.

Die in vielen Lehren einen zentralen Stellenwert einnehmende Achtsamkeitspraxis kann dir aber dabei helfen, diese bewusste Haltung zu erlernen.

„Die beste Weise, sich um die Zukunft zu kümmern, besteht darin, sich sorgsam der Gegenwart zuzuwenden." - Thich Nhat Hanh

Achtsamkeit – ein starkes Konzept

Auf Buddha wird der Ausspruch „Die Achtsamkeit, so künde ich, ist ein Helfer für alles" zurückgeführt, aber auch neuere Forschungen sprechen der Achtsamkeitspraxis viele Vorteile zu.

So sollen Achtsamkeitsübungen, wenn sie regelmäßig ausgeführt werden, Stresshormone abbauen, zu einer verbesserten Gesundheit führen, den Umgang mit Schmerzen erleichtern und die allgemeine körperliche Funktionsfähigkeit deutlich verbessern.

Forscher der Harvard Medical School stellten zudem im Jahr 2015 eine Studie vor, aus der hervorgeht, dass Achtsamkeitsübungen nicht nur Einfluss auf die körperliche, sondern auch auf die mentale Gesundheit haben können. So sollen sich auch Ängste und depressive Verstimmungen deutlich verringern, wenn sich Menschen in Achtsamkeit üben. Auch Stress können die Praktizierenden leichter begegnen. Dies gilt auch für Menschen, die von schweren Krankheiten oder chronischen Beeinträchtigungen betroffen sind.

Aber was genau ist Achtsamkeit überhaupt?

Es gibt verschiedene Definitionen, wobei die des ehemaligen Professors Jon Kabat-Zinn sicher eine der bekanntesten ist. Seines Erachtens nach kann man Achtsamkeit als eine besondere Art der Aufmerksamkeit verstehen. Diese zeichnet sich dadurch aus, dass sie nicht wertend ist. Zudem ist sie bewusst und auf das Hier und Jetzt ausgerichtet.

Daniel Goleman, ein Psychologe aus den Vereinigten Staaten von Amerika, definiert Achtsamkeit als Wahrnehmung der eigenen inneren Zustände, wodurch die eigenen Emotionen beherrscht und zum Handeln genutzt werden können und der Praktizierende Empathie gegenüber anderen Menschen fühlen kann.

Achtsamkeit, auch unter der englischen Bezeichnung *mindfulness* bekannt, ist also eine gewisse Form der Geistesgegenwart oder Aufmerksamkeit. Der Mensch, der achtsam ist, nimmt sich selbst in seiner körperlichen und emotionalen Verfassung und seine ihn unmittelbar umgebende Umwelt wahr. Diese Haltung nimmt der Mensch bewusst und willentlich ein. Er versucht, sich weder von Zukunftsphantasien noch von Erinnerungen, seinen Emotionen, Bewertungen oder Deutungsmustern ablenken und in Gedankenspiralen bringen zu lassen.

Die Achtsamkeit umfasst Inneres und Äußeres und sorgt dafür, dass der Geist offen ist für Wahrnehmungen aller Art.

Damit unterscheidet sich Achtsamkeit klar von der Konzentration: Wenn du dich auf etwas konzentrieren willst, wie etwa auf ein Buch oder ein Rätsel, dann lenkst du deinen gesamten Fokus darauf. Dein Bewusstsein, sowohl für deinen Körper als auch für deine restliche Umwelt, gerät in den Hintergrund; präsent ist nur noch der Inhalt, auf den du dich konzentrierst.

Der bereits weiter oben erwähnte pensionierte Professor, Jon Kabat-Zinn, gilt als eine der Koryphäen auf dem Gebiet der Achtsamkeitsforschung und hat das populäre MBSR-Programm entwickelt, das *mindfulness-based stress reduction program*. Dieses besteht aus diversen Achtsamkeitsübungen, wie dem Bodyscan, der Meditation sowie achtsamen Yogaübungen, die täglich von den Praktizierenden ausgeführt werden sollen.

Jon Kabat-Zinn geht davon aus, dass ein Großteil unserer Handlungen automatisiert abläuft und wir uns gedanklich zwischen Vergangenheit und Zukunft hin und her bewegen, anstatt uns auf das Hier und Jetzt zu konzentrieren. Das kann zu Stress führen, uns mental erschöpfen und dazu führen, dass wir nicht nur blind werden für die Schönheit des Augenblickes, sondern uns auch in Gedankenschleifen und Eventualitäten verlieren, statt mit der Realität umzugehen.

Dies ist für Psyche und Organismus sehr anstrengend und kann auch als frustrierend wahrgenommen werden.

Kennst du das Gefühl, wenn dir in einem Meeting gerade jemand vorgestellt wurde, du aber keine Ahnung hast, wie du die Person ansprechen sollst?

Oder wenn du plötzlich vor deiner Wohnungstür stehst, du den Rückweg von der Arbeit aber gar nicht richtig mitbekommen hast und es sich fast schon unheimlich anfühlt?

Oder wenn dich ein potenzielles Gespräch in deiner Vorstellung so sehr aufregt, dass du Magenschmerzen bekommst und schon gar keine Lust mehr hast, diese Person überhaupt zu treffen, obwohl ihr noch kein Wort miteinander gewechselt habt?

Die Achtsamkeit gibt uns die Möglichkeit, den Fokus sowohl auf unser Inneres als auch auf das Geschehen im Außen zu lenken, was gerade in diesem Moment stattfindet.

Dieser Fokus erfordert eine möglichst wertfreie Form der Aufmerksamkeit. Wer bewertet, verliert sich wieder leicht in Deutungsmustern, Horrorszenarien oder in der Dramatisierung von Katastrophen.

Kannst du davon Abstand nehmen und die Dinge, die jetzt und hier geschehen, relativ neutral beobachten, entsteht eine besondere Form der Klarheit. Du erlebst den Augenblick ganz wach und bist präsent. Du spürst mehr Leben in jedem einzelnen Moment, du spürst dich und deinen Körper als Teil deiner Umgebung.

Wenn du einen achtsamen Umgang mit dir, deinen Gedanken und deiner Umwelt einübst, kannst du gelassener mit Reizen umgehen, die von außen an dich herantreten, und du kannst auch selbst deine Sinneswahrnehmung besser lenken. Dadurch kannst du die Anforderungen des Alltags deutlich reduzieren und den Fokus auf das lenken, was dir wirklich wichtig ist. Du wirst aufmerksamer und kannst selbst bestimmen, worauf du dich konzentrieren und womit du dich beschäftigen möchtest, da deine Gedanken sich nicht mehr sofort an jede aufkommende Emotion hängen.

Dadurch kannst du dich selbstbestimmter und freier entwickeln. Du wirst insgesamt stabiler und kannst dich, durch dein inneres Gleichgewicht und den gesunden Abstand zu den Dingen, den Herausforderungen des Lebens souverän stellen. Schließlich musst du bei der Anwendung einer regelmäßigen Achtsamkeitspraxis weniger damit rechnen, von heftigen Emotionen überrollt oder gar verschluckt zu werden. Diese Ausgeglichenheit macht sich üblicherweise auch im Umgang mit anderen bemerkbar. Denn wenn du selbst weniger ängstlich, aggressiv oder überfordert mit der Kontrolle deiner Impulse bist, kannst du deinem Geist mehr Raum geben und dich auf dein Gegenüber und ein gutes Miteinander konzentrieren.

Wenn du magst, halte kurz inne und überlege dir die Antworten zu den folgenden Fragen:

- Passiert es dir oft, dass du im Alltag wie ferngesteuert handelst?

- Ärgerst du dich darüber, wenn du im Nachhinein merkst, dass du dich geistig gerade mal wieder „ausgeklinkt" hast?

- Fällt es dir schwer, mit deinen Gedanken im Hier und Jetzt zu bleiben?

- Verbeißt du dich schnell in eine Idee oder in einen Impuls und steigerst du dich dann innerlich hinein?

- Hast du Schwierigkeiten, Dinge zu genießen, weil du im Kopf schon wieder ein paar Schritte weiter bist?

- Machen dich Gedanken an Meditationen oder andere Achtsamkeitsübungen nervös? Warum ist das so?

- Hast du Schwierigkeiten mit deiner Impulskontrolle? Wirst du leicht von Angst, Wut oder anderen starken Emotionen überwältigt?

Voll im Flow

Erinnerst du dich an diese Momente als Kind, als du ganz versunken im Spiel warst, so dass du ganz verwundert warst, als dein Vater dich ins Haus gerufen hat, weil es bereits dunkel geworden war? Du hattest nichts davon mitbekommen: nicht, dass die Sonne verschwunden war, nicht, dass du eigentlich hättest frösteln müssen, so ganz ohne Jacke in der Abenddämmerung.

Dieser Zustand, von dem auch Sportler und Künstler immer wieder berichten, wird auch *Flow* genannt. Der Flow beschreibt ein Gefühl, das sich als vollkommenes Aufgehen in einer Aktion oder in einem Moment beschreiben lässt. Alles ist – wie der Name bereits vermuten lässt – im Fluss. Du erlebst einen Moment, in dem du vollkommen in deinem Spiel oder in deiner Aufgabe aufgehst und dich nur darauf fokussierst. Deine Konzentration ist komplett auf dieses Erlebnis gelenkt, denn es beansprucht dich genau in diesem Maße, wie du am besten tätig sein kannst.

Mitunter wird berichtet, dass die beglückenden Flow-Zustände in Zustände der Ekstase übergehen können oder von den Personen bereits als solche empfunden werden.

Die Auswirkungen des Flow-Zustandes werden dabei nicht nur mental, sondern auch körperlich wahrgenommen.

Das Konzept der Flow-Theorie geht auf den bekannten Forscher Mihály Csíkszentmihályi zurück. Dieser hat sich intensiv mit der Erforschung von Glückszuständen befasst. Er hat diesen Schaffensrausch bei verschiedensten Menschen beobachten können, sowohl bei körperlichen als auch bei rein geistigen Tätigkeiten.

So kann die Flow-Theorie ebenso auf Extremsportler wie auch auf Musiker oder dich angewandt werden. Wichtig für das Konzept Flow ist, dass du ein perfektes Verhältnis zwischen Unterforderung und Überforderung erlebst und du dich deiner Tätigkeit voll hingeben kannst. Auch hier wird die Achtsamkeit und Konzentration auf das gerichtet, was du wirklich tun willst, sie stehen also im Vordergrund. Du solltest genau so sehr gefordert sein, dass es zu einer gewissen Selbstvergessenheit führt, bei der du auch dein Zeitgefühl verlieren kannst.

Um in diesen Zustand zu gelangen, sollte ein gesundes Verhältnis zwischen Kontrolle und Gelassenheit bestehen. Auch der spielerische Aspekt ist enorm wichtig, um in den Flow-Zustand zu gelangen.

- Hast du schon mal einen Flow-Zustand erlebt?

- Falls ja, wann war das? Wie alt warst du und welche Aktivität hast du ausgeführt?

- Wenn du als erwachsene Person wenig mit dem Begriff anfangen kannst, kannst du dich an Momente in deiner Kindheit erinnern, in denen du total in dich selbst bzw. in ein Spiel versunken warst? Frage, wenn dies möglich ist, ruhig auch deine Eltern oder andere Verwandte, bei welchen Aktivitäten du früher regelmäßig die Zeit vergessen hast.

- Glaubst du, dass Flow-Zustände nur für Sportler oder Künstler erlebbar sind?

- Macht dir die Vorstellung, dich komplett in etwas zu vertiefen, Angst?

- Oder fühlt sich die Vorstellung gut an?

Die Mischung macht's

Diese Theorie der optimalen Beanspruchung scheint sich außerhalb des Flow-Zustandes massiv auf das Glücksempfinden von Menschen auszuwirken: Der Glücksforscher Herbert Laszlo sagt sogar, dass Glück dann spürbar wird, wenn die optimale Beanspruchung des Menschen gegeben ist. Diese optimale Beanspruchung kann von Mensch zu Mensch variieren, denn es geht darum, die bestehenden Fähigkeiten der Person bestmöglich auszunutzen. Dies bezieht sich vor allem auf das Arbeitsleben. Jeder unter uns kennt es: Muss man eine Arbeit verrichten, die einen langweilt und müde macht, gerät man ebenso in Unzufriedenheit, wie wenn man sich überfordert fühlt und gar nicht weiß, wo einem der Kopf steht. Hier geht es allerdings nicht um die sonst so viel gepriesene Work-Life-Balance, sondern eben um die für dich ideale Mischung aus Anspruch und Entspannung während einer Tätigkeit. Die Theorie der optimalen Beanspruchung lässt sich übrigens nicht nur für die Arbeitswelt anwenden. Auch im Freizeitsport, bei der Ausübung deiner Hobbys oder der gemeinsamen Zeit mit deinem Partner kannst du diese Information im Hinterkopf behalten und darauf achten, dass du für eine gesunde Mischung sorgst. Wichtig zu wissen ist dabei, dass der Anspruch nicht nur aus der Tätigkeit selbst kommen kann, sondern auch andere Aspekte mit einfließen können. Hast du nebenbei noch viele weitere Informationen zu verarbeiten, musst du diese bei der Kalkulation deiner Belastung berücksichtigen. Wir kennen das alle: Ausgeruht und mit genügend Zeit und Ruhe, können wir die gefürchteten Trotzanfälle unserer Dreijährigen spielend meistern. Haben wir am Morgen aber bereits Stress mit der Chefin gehabt, einen Strafzettel fürs Falschparken bekommen und uns eben noch den Fuß gestoßen, dann kämpfen bereits so viele Informationen um unsere Aufmerksamkeit, dass wir deutlich belasteter sind. Das Ergebnis: Wir sind weniger geduldig im Umgang mit unserem Kind, reagieren vielleicht unbeherrscht oder kurz angebunden und verurteilen uns im Nachhinein noch dafür.

Bedenken wir jedoch, dass Informationen in ganz unterschiedlicher Weise als Belastung wirken können – etwa in Form des Geräusches des Presslufthammers von der Baustelle gegenüber, in Form der zehrenden Kopfschmerzen oder in Form des Mobbings, dem wir am Arbeitsplatz ausgesetzt sind, dann verstehen wir immer besser, wie sich unsere Leistungsparameter ergeben. Wir wissen besser, was wir in solch einer Situation von uns erwarten können und wir können aktiv dafür sorgen, dass wir die Weichen dafür stellen, eine optimale Beanspruchung zu ermöglichen.

Natürlich weißt du, dass du dein Umfeld nicht kontrollieren kannst, aber du kannst deine vorhandenen Fähigkeiten und Fertigkeiten dafür nutzen, deine Aktivitäten entsprechend zu steuern, sodass du deinem Anspruch und deiner Entspannung jeweils einen gleichwertigen Platz in deinem Alltag einräumst. Situationen, in denen es immer wieder zu einem Ungleichgewicht kommt, kannst du genauer betrachten: Gibt es Möglichkeiten, diese anders zu gestalten? Kannst du Aufgaben delegieren oder dich aus bestimmten Bereichen zurückziehen, die dir nicht gut tun? Falls sich eine solche Situation an deinem Arbeitsplatz zeigt, solltest du ganz besonders dafür einstehen, dass sich etwas verändert – schließlich verbringst du einen Großteil deines Tages dort. Suche bei Bedarf das Gespräch mit deinen Vorgesetzten oder mit deinen Kollegen und verweise dabei auch auf die Glücksforscherin Simone Langendörfer. Wie bereits Forscher der Ökonomischen Glücksforschung, hat auch sie Zusammenhänge zwischen glücklichen Menschen und einer positiven ökonomischen Entwicklung verzeichnen können. Somit ist nicht verwunderlich, dass sich eine optimale Belastung positiv auf das Arbeitsleben auswirkt. Du bist also nicht nur glücklicher und somit ein angenehmerer Teil des Teams, sondern du wirst vermutlich auch wirtschaftlich lohnender für dein Unternehmen sein. Du bist vermutlich gesünder und leistungsstärker und somit auch beruflich erfolgreicher. Eine echte Win-win-Situation!

Wie ist das bei dir?

- Arbeitest du immer bis zur vollen Erschöpfung und gönnst dir nie eine Pause?

- Hast du das Gefühl, immer einen Schritt hinterherzuhinken?

- Fühlst du dich deinen öffentlichen und privaten Aufgaben nicht gewachsen?

- Hast du am Sonntagabend manchmal psychosomatische Symptome, weil du dich vor den Herausforderungen der Arbeitswoche fürchtest?

- Oder ist es bei dir genau umgekehrt? Bist du in einer beruflichen oder privaten Situation, die dich zum Nichtstun zwingt?

- Fühlst du dich bei der Arbeit unterfordert und falls ja, gäbe es eine Möglichkeit, anspruchsvollere Aufgaben zu übernehmen?

- Falls ja, warum tust du dies nicht? Fürchtest du dich vor der Verantwortung, möchtest du nicht im Zentrum der Aufmerksamkeit stehen oder hast du Angst um deine Position?

- Wie ist es in deiner Freizeit? Langweilst du dich bei deinen Hobbys oder bei deinen sozialen Kontakten?

- Oder hast du so ein straffes Programm, das an Freizeitstress grenzt und du dich von allem überfordert fühlst?

- Wann gibt es Momente in deinem Leben, in denen du ein absolut ausbalanciertes Verhältnis von Anforderungen und Entspannung wahrnimmst? Im Urlaub? Mit der Familie? Bei einer Fortbildung? Im Tanzkurs? Welche Auswirkungen hat das auf dich und dein Glücksempfinden? Und wie wirkt es sich auf deine Produktivität aus?

Im Hier und Jetzt oder später

Bei all der Konzentration auf das Leben im Hier und Jetzt solltest du natürlich nicht dein Leben im Ganzen vergessen.

Wenn wir von Achtsamkeit sprechen, ist damit nicht gemeint, dass du einfach Vergangenheit und Zukunft ausblenden sollst.

Niemand kann von dir erwarten, dass du Erlebtes einfach abstreifst wie ein getragenes Shirt. Wie du bereits weißt, beeinflusst dich deine Umwelt bei deiner Sozialisation, insbesondere in der Phase als Kind und junger Mensch.

Und auch deine Zukunft wird durch deine heutigen Handlungen beeinflusst. Als menschliches Wesen, das vorausschauend denken und handeln kann, hast du die Möglichkeit, dein Leben zu planen, Ziele zu verfolgen und zu erreichen.

Nicht selten werden aber Konzepte, wie Achtsamkeit und Flow, als Aufforderung missverstanden, sich keine Gedanken mehr um die Zukunft zu machen.

Es geht allerdings nicht darum, stur nach dem Lustprinzip zu leben und eine Einstellung nach dem Motto „Nach mir die Sintflut" zu pflegen. Die meisten von uns würde ein solcher Ansatz eher beunruhigen und überhaupt nicht glücklich machen. Insbesondere würde er uns um Möglichkeiten bringen, unser Leben in eine positive Richtung zu lenken. Es geht nicht um ein reines Lustprinzip ohne Verantwortung, sondern um deine Chance für ein erfülltes Leben.

Dabei kannst du klar erkennen, dass es durchaus angebracht ist, die Vergangenheit und die Zukunft in dein jetziges Leben miteinzubeziehen.

Dinge, die dich in der Vergangenheit geprägt haben, kannst du nicht einfach verleugnen. Es wäre falsch, so zu tun, als gäbe es sie nicht, denn dann würdest du dich Anforderungen stellen, die du mit deiner individuellen Geschichte gar nicht bewerkstelligen kannst.

Kalkulierst du deine persönliche Geschichte mit ein, kannst du der Gegenwart besser vorbereitet begegnen. Zudem spricht nichts dagegen, auch mal genüsslich in schönen Erinnerungen zu schwelgen.

Gemeinsam mit Freunden oder Familienmitgliedern Geschichten von früher wieder lebendig werden zu lassen, alte Interessen neu zu wecken und Emotionen und Gefühle zu genießen, die eng mit vergangenen Zeiten verbunden sind. Auch das macht glücklich und ist ein ganz besonderes Geschenk an dich selbst. Schau dir Fotos oder Videoaufnahmen von damals an, lies alte Briefe, schmunzele über hochdramatische Tagebucheinträge deines jüngeren Ichs oder koch dir ein Lieblingsmahl aus deiner Kindheit und genieße die Reise in deine Vergangenheit als beglückendes Zwischenspiel.

Wichtig ist, dass du nicht in alten Zeiten hängen bleibst oder vor lauter Sehnsucht nach damals die Schönheit deines jetzigen Daseins übersiehst – oder dich gar nicht erst daran versuchst, dir jetzt ein glückliches und zufriedenes Leben aufzubauen.

Es ist ein klarer Unterschied, ob du ab und zu eine gedankliche Reise in die Vergangenheit machst, um aus Fehlern zu lernen oder schöne Stimmungen und Gefühle hervorzurufen oder ob du ganz in der Vergangenheit versinkst.

Ähnlich verhält es sich mit der Zukunft: Im Moment leben, achtsam mit sich umgehen, bedeutet nicht, dass du keine Pläne mehr haben sollst.

Wenn du langfristige Ziele erreichen möchtest, musst du deine Handlungen im Hier und Jetzt unweigerlich an die Zukunft anpassen. Mitunter führt das natürlich auch dazu, dass du einem kleinen Glück, das du jetzt haben kannst, nicht den Vorzug gibst, sondern deine Wünsche oder Bedürfnisse zurückstellst, um ein größeres Ziel in der Zukunft zu erreichen.

Wer nächsten Montag eine wichtige Prüfung ablegt, wird seine Wochenendplanung entsprechend anpassen. Und wenn du deinen Kindern einen liebevoll gestalteten Adventskalender zur Weihnachtszeit schenken möchtest, wirst du frühzeitig mit den Vorbereitungen anfangen. Dein Ziel, erfolgreich an einem Volkslauf teilzunehmen, erreichst du auch nur mit einem Trainingsplan, der dir hilft, Kondition aufzubauen.

Aber die Handlungen, die du dann ausführst, kannst du bewusst ausführen und dabei präsent sein.

Du kannst im Hier und Jetzt agieren, ohne den Blick auf die Zukunft oder dein Ziel aus den Augen zu verlieren.

Da wir Menschen uns Gedanken über die Zukunft machen können, haben wir die Möglichkeit, ein ganz wunderbares Gefühl zu erleben: Vorfreude!

Kennst du dieses schöne Kribbeln, das in der Magengrube kitzelt, wenn du dich für ein Date fertig machst? Oder das Schmunzeln, das dir über das Gesicht huscht, während du für deine Fünfjährige einen Geburtstagskuchen mit ihren Lieblingsfiguren verzierst, weil du genau weißt, wie sehr sie sich freuen wird? Oder die beschwingte Stimmung, nachdem du deinen Jahresurlaub gebucht hast und die kleinen Auszeiten, die du dir im stressigen Alltag gestattest, wenn du dich schon mal an den Strand oder in die Berge träumst, auch wenn es noch ein paar Wochen bis zum Reisebeginn dauert?

Genieße diese Momente und koste sie voll aus. Es ist nichts verkehrt daran, sich den Alltag etwas bunter zu gestalten, wenn man sich kleinen Zukunftsträumen hingibt oder die Vorfreude voll auslebt. Auch mit anderen zusammen geht das sehr gut und es wirkt Wunder auf deine Stimmung und auf die Motivation, aktuelle Durststrecken besser durchzustehen.

Auch hier ist die Ausprägung entscheidend: Nutzt du deine Zukunftsträumerei als Ansporn, als kleinen Stimmungsaufheller oder zur Planung deiner Ziele, dann ist sie gesund und nützlich und steht in keinem Widerspruch zu einem achtsamen Leben im Hier und Jetzt.

Schwierig wird es auch hier erst dann, wenn das Träumen die Oberhand gewinnt, du immer nur auf etwas in der Zukunft hin arbeitest und dein jetziges Leben aus den Augen verlierst, du keine Freude am Hier und Jetzt spüren kannst oder wenn du dich in Horrorszenarien verstrickst und dadurch deine Stimmung jetzt schon mal vorsorglich „in den Keller wandert".

Manchmal kann ein wenig Übung notwendig sein, bis du die perfekte Balance für dich gefunden hast, aber es lohnt sich!

So wird das achtsame Leben auch nicht zu einer stressigen Verpflichtung, an der du immer wieder scheiterst, sondern zu einer schönen Grundeinstellung, die dein Leben bereichert, aber dein Denken nicht in neue Begrenzungen sperrt.

Wenn du dich dem Thema nähern willst, stelle dir doch einfach mal ein paar Fragen:

- Neigst du dazu, in der Vergangenheit zu leben?
- Wünschst du dir des Öfteren, du wärest wieder klein? Warum? Welche Aspekte am Kleinsein reizen dich und was könntest du davon auch in deinem jetzigen Leben realisieren?
- Machst du dir viele Gedanken um die Zukunft?
- Lähmen dich Erwartungsängste hin und wieder so sehr, dass du in deiner Handlungsfähigkeit eingeschränkt wirst?
- Gibst du dich im Alltag gerne Zukunftsträumen hin?
- Zelebrierst du das Gefühl von Vorfreude oder gestattest du dir diese nicht, aus Angst du könntest enttäuscht werden?
- Fühlst du dich überfordert, wenn du Dinge planen und auf sie hinarbeiten musst?
- Freust du dich auf Dinge oder erwartest du immer das Worst-Case-Szenario?

Jetzt wird es konkret – Übungen zu Flow und Achtsamkeit

Es ist nicht immer einfach, im Alltag Zugang zum Flow zu finden und Achtsamkeit zu zelebrieren. Deshalb findest du im Folgenden Übungen und Ideen rund um diese Themen. Die meisten der Übungen lassen sich wunderbar, je nach Zeit und Lust, in deinen

Alltag bzw. Tagesablauf integrieren und nehmen nicht viel Zeit in Anspruch.

Selbstverständlich ist es schön, wenn du dir pro Tag ein wenig Zeit für Achtsamkeit und Co. nehmen kannst. Aber wenn mal wieder alles drunter und drüber geht, findest du in der folgenden Auflistung auch ein paar Aktivitäten und Übungen, die du als kleine Achtsamkeitsauszeit zum Auftanken einschieben kannst. Je öfter du die Übungen wiederholst, desto leichter wird dir das Zentrieren und Entspannen fallen. Besonders gut geeignet sind die *Geh-Meditation*, der *Body-Scan* oder Körperübungen, wie die *Body2Brain-Methode* von Dr. med. Claudia Croos-Müller, die du weiter unten findest.

Hast du etwas mehr Zeit zur freien Verfügung, kannst du die Übungen natürlich ganz in deinem Tempo machen und nach Belieben ausdehnen. Schön ist auch ein Achtsamkeitswochenende, an dem du verschiedene Dinge nach deinem Geschmack zusammenstellst und dir so 48 Stunden Auszeit vom Alltagsgeschehen gönnst.

Süßer Klassiker

Dr. Anna Paul stellt in ihrem Buch *Die Kraft der Selbstheilung* einen süßen Klassiker unter den Achtsamkeitsübungen vor: Die Rosinenübung.

Dazu benötigst du nur eine Rosine und einen ruhigen Ort, an dem du dich ein paar Minuten ungestört aufhalten kannst. Nimm die Rosine in die Hand und betrachte sie so, als hättest du so eine Trockenfrucht noch nie in deinem Leben gesehen, als wäre sie ein exotisches Obst, was dir vollkommen fremd ist.

Manche beschreiben diese Herangehensweise als kindliche Neugier, manche als sogenannten Anfängergeist.

Zunächst widmest du dich der Rosine mit deinen Augen. Ist sie eher dunkel oder hell? Wie würdest du ihre Farbe, wie ihre Form beschreiben? Fällt dir etwas Besonderes auf?

Dann nimmst du deinen Tastsinn dazu: Wie fühlt sich die Rosine an? Ist sie klebrig, warm, kühl oder hart, weich oder samtig?

Und wie verhält es sich mit dem Duft? Ist er süßlich oder säuerlich? Erinnert er dich an etwas?

Bemerkst du körperliche Veränderungen, wenn du an der Rosine riechst? Läuft dir vielleicht das Wasser im Mund zusammen?

Nun kannst du die Rosine an deinen Mund führen und sie mit den Lippen befühlen. Merkst du dabei andere Erhebungen als mit den Fingern? Und wie verhält es sich, wenn du sie auf deine Zunge legst? Was spürst du dann?

Wenn du dir genug Zeit zum Fühlen genommen hast, kannst du die erste Kaubewegung machen. Verändert sich die Konsistenz? Wie ist der Geschmack jetzt?

Nimm dir Zeit beim Kauen dieser einen Rosine – empfohlen werden 20 bis 30 Kaubewegungen – und beobachte, wie anders die Nahrungsaufnahme bei dieser Rosinenübung abläuft und was dir dabei alles bewusst wird.

Diese Übung hilft dir nicht nur, bewusster zu essen, sondern du kannst so auch lernen, leichter zu genießen und die Süße in den kleinen Dingen des Lebens zu entdecken!

Achtsamkeit im Gehen

Meditation ist einer der Klassiker, wenn es darum geht, sich zu zentrieren und seine innere Mitte zu finden. Nicht immer sind aber der Raum und die Zeit gegeben, um sich für eine Meditation zurückzuziehen. Denjenigen, die die Meditation gerade erst beginnen zu lernen, wird empfohlen, möglichst wenig störende Einflüsse während des Praktizierens zuzulassen.

Eine Meditation, die die Achtsamkeit in den hektischen Alltag bringt, ist die Geh-Meditation. Sie ist in der buddhistischen Tradition ein wichtiger Bestandteil unter den Achtsamkeitsübungen und erfreut sich auch in westlichen Kulturkreisen immer größerer Beliebtheit. Sie besticht durch ihre Dynamik und sie lässt sich wunderbar zwischendurch anwenden, ganz gleich, wo du dich befindest.

Ähnlich wie bei der Sitzmeditation geht es auch bei der Geh-Meditation um die innere Zentrierung und das achtsame Ankommen und Sein im Hier und Jetzt.

Du kannst die Meditation sowohl alleine als auch in der Gruppe erlernen. Wenn du möglichst unabhängig sein willst, kannst du auch mit einer geführten Geh-Meditation arbeiten.

Anleitungen findest du sowohl auf CDs als auch im Netz.

Du kannst dir natürlich auch selbst eine Anleitung einsprechen und ablaufen lassen. Eine solche Anleitung ist besonders am Anfang hilfreich, wenn du dazu neigst, dich ablenken zu lassen. Alternativ kannst du auch mit einem Mantra arbeiten und dieses als Konzentrationshilfe verwenden.

Wenn du das erste Mal eine Geh-Meditation praktizieren möchtest, wähle am besten einen möglichst ruhigen Ort aus, an dem du ungestört bist. So kannst du dich voll auf dich besinnen und musst auch nicht auf dein Umfeld achten. Ganz besonders wichtig: Wann immer du übst, wähle deine Umgebung so aus, dass du durch deine Meditation weder dich noch den Ablauf des Straßenverkehrs gefährdest.

Anleitung Geh-Meditation

Gib dir vor der eigentlichen Meditation zunächst die Möglichkeit, dich auf die kommenden Minuten einzustimmen und deinen Körper entsprechend auszurichten. Stelle dich dazu aufrecht hin und achte darauf, dass sich dein Kopf über deinem Herzen und dein Herz über deinem Becken befindet. Strecke die Knie bitte nicht ganz durch, sondern achte auf eine dynamische, aber nicht zu angespannte Haltung. Fühle in deinen Körper hinein – wenn du Verspannungen bemerkst, versuche, diese vorab zu lockern. Nimm ein paar tiefe Atemzüge und hebe dann die Zehen vom Boden, damit deine Füße guten Kontakt mit dem Boden bekommen und sich deine Haltung optimiert.

Wenn es die Temperaturen und örtlichen Gegebenheiten zulassen, versuche die Übung barfuß durchzuführen. So hast du noch mehr Zugang zu dem Prozess.

Hebe dann ein Bein an und führe deinen ersten Schritt sehr bewusst und sehr langsam aus. Durch das Verlangsamen der eigentlich gewohnten Bewegung werden dir die Bewegungsabläufe bewusster und zugänglicher. Wie fühlt sich das Heben des Beines in der Hüfte an? Was machen die Zehen? Und wie verhält sich dein Standbein? Weicht die Hüfte zur Seite aus? Setze den Fuß nach vorne und auf dem Boden auf. Rolle dann den Fuß sehr bewusst ab und mache den nächsten Schritt. Bei der Meditation geht es nicht darum, möglichst viel Strecke zurückzulegen, sondern jeden Schritt bewusst durchzuführen. Falls du möchtest, kannst du zusätzlich darauf achten, eine Verbindung zwischen Körper und Atem herzustellen.

Wenn es dir ohnehin schwer fällt, gedanklich bei dem Bewegungsprozess zu bleiben, nimm ein Mantra zur Hilfe: Denke beispielsweise „Glück“ beim Schritt mit dem linken Fuß und „Gesundheit“ beim Schritt mit dem rechten Fuß oder nutze deine Atmung als Anker, indem du links einatmest und rechts ausatmest.

Du kannst mit verschiedenen Varianten experimentieren und für dich die beste Herangehensweise entdecken. Hast du eine Technik gefunden, die dir zusagt, übe sie immer wieder bewusst. Je öfter du sie übst, desto leichter und eher stellt sich die konzentrierte Achtsamkeit ein – auch dann, wenn du die Geh-Meditation während eines hektischen Shopping-Trips in einer vollen Fußgängerzone oder auf Reisen nutzt, um dich im Hier und Jetzt zu festigen.

Bodyscan

Der Bodyscan ist eine beliebte Technik aus der Achtsamkeitspraxis, die sich sehr leicht und unkompliziert erlernen lässt. Der Body-Scan, auch *Body-Sweeping* genannt, ist eine gedankliche Übung, bei der du deinen eigenen Körper mental Stück für Stück entlangwanderst und ihn sozusagen scannst oder abtastest. Dabei wirst du dir deiner einzelnen Körperteile bewusst und nimmst verschiedene Empfindungen wahr. Du beobachtest die Empfindungen jedoch nur - sowohl die, die du als negativ als auch die, die du als positiv wahrnimmst. Du gehst nicht auf sie ein, sondern begegnest ihnen mit einer gewissen Zurückhaltung aus der Rolle des Beobachters.

Üblicherweise wird der Bodyscan im Liegen oder Sitzen durchgeführt. Wenn du geübter bist, kannst du dich damit aber auch im Stehen erden.

Vorteile des Bodyscans sind ein besseres Körperbewusstsein und die Möglichkeit, sich bei regelmäßiger Übung immer wieder in einen bewussten, achtsamen und urteilsfreien Zustand zu bringen. Somit kannst du Veränderungen in deinem Körper gelassener annehmen. Statt auf jedes Stechen, Ziepen oder auf jeden Druckschmerz zu reagieren, kannst du innerlich Abstand wahren. Dadurch gerätst du weder in eine Grübel- noch in eine Angstfalle und kannst dich darauf konzentrieren, dir etwas Gutes zu tun. Ein tolles Werkzeug auf deinem Glücksweg!

Auch für den Bodyscan gibt es gesprochene Anleitungen auf CD oder online, sodass du leichter bei der Sache bleiben kannst. Zudem bieten viele Krankenkassen auf ihren Webseiten entsprechende Audiodateien an, die dich durch den Körper hindurchführen.

Ansonsten kannst du dir auch hier, wie bei der Geh-Meditation, selbst eine Anleitung aufzeichnen und diese ablaufen lassen. Oder du liest dir die folgende Anleitung durch und nutzt diese zur Orientierung. Es gibt auch hier kein Richtig oder Falsch, sondern es geht nur darum, dass du achtsam in Gedanken deinen Körper durchwanderst. Ob du nun bei deinem Kopf oder deinen Füßen beginnst, bleibt dir überlassen.

Anleitung Bodyscan

Wenn du den Bodyscan das erste Mal durchführst, wähle möglichst eine liegende Position. Mache es dir richtig bequem und finde eine Position, in der du dich erst mal nicht bewegen musst. Nimm dann bewusst wahr, wie dein Körper auf der Matte oder Matratze aufliegt und wo welcher Körperteil Kontakt zum Untergrund hat. Lasse deinen Atem natürlich fließen und komme in deiner Position an.

Beginne nun deinen Scan bei deinem linken Fuß. Konzentriere dich zunächst auf die Zehen: Berühren sie sich? Sind sie kalt oder warm? Stoßen sie an etwas, etwa an die Innenseite deiner Socken oder Schuhe? Sind sie entspannt oder eingekrallt? Beobachte nur – versuche, nichts zu bewerten oder zu verändern. Wenn etwas juckt oder du unruhig wirst, nimm es einfach hin, beobachte es und gehe dann gedanklich weiter zu deiner Fußinnenseite, zu deinem Spann, der Sohle und schließlich zur Ferse. Wie liegt diese auf der Unterlage auf? Drückt sie sich fest auf den Boden? Ist der Übergang zum Knöchel entspannt?

Lasse deine Konzentration zu deinem Knöchel wandern und beobachte auch hier, wie sich dieser Teil deines Körpers anfühlt. Wenn du keinen wirklichen Zugang finden kannst, macht das nichts. Verweile gedanklich eine Weile an dieser Stelle und wandere dann weiter, deinen Unterschenkel entlang. Wie fühlt sich dieser an? Ist er warm oder kühl? Ist er fest oder locker? Berührt er den Boden oder das andere Bein? Wie fühlt sich der Stoff deiner Kleidung auf deiner Haut an dieser Stelle an?

Dann gehe hoch zur Kniekehle und auch zum Knie selbst und von dort aus zu deinem linken Oberschenkel. Wenn du magst, kannst du dir auch vorstellen, deinen Atem in den jeweiligen Körperteil zu schicken. Dies kann dir beim Fokussieren helfen.

Bist du gedanklich durch das gesamte Bein gewandert, vergleiche es kurz mit deinem rechten Bein. Fühlst du einen Unterschied? Fühlst du das durchwanderte Bein klarer oder leichter?

Gehe nun auch bei deinem anderen Bein die einzelnen Stationen durch, von den Zehen über den Fuß und den Knöchel zum Unterschenkel und Knie bis hin zum Oberschenkel. Lasse dir genug Zeit für die einzelnen Stationen und lasse deinen Atem immer frei fließen.

Konzentriere dich anschließend auf dein Becken und den unteren Rücken. Wo liegt dein Körper auf? Fühlst du den Boden unter dir? Ist dein Körper an dieser Stelle entspannt oder eher fest? Fließt dein Atem noch frei?

Lasse dann dein Bewusstsein auf dem Bauchbereich ruhen und konzentriere dich auf alle Dinge, die du hier wahrnehmen kannst. Macht dein Körper hier Geräusche? Fühlst du Bewegung in deinem Inneren oder merkst du, wie sich dein Bauch beim tiefen Einatmen hebt und beim Ausatmen wieder senkt?

Gehe gedanklich auch auf deine Rückseite und verweile dort zunächst am Steiß, bevor du von der Wirbelsäule aus den unteren Rücken, dann den mittleren Rücken und anschließend den oberen Rücken abscannst. Danach kannst du deine Schultern gedanklich abtasten und dir auch Zeit für die vordere Seite mitsamt der Brust nehmen. Nun wanderst du wahlweise von deiner Schulter den linken Arm herab zu den Fingerspitzen und dann wieder hinauf oder du beginnst direkt bei den Fingerspitzen und scannst die Finger, die Innen- und Außenfläche der Hand, das Handgelenk, den Unterarm, die Ellenbeuge, den Ellenbogen und den Oberarm ab. Wiederhole dies auch auf der rechten Seite, bevor du zum Hals wanderst.

Von dort aus geht es zum Kinn, über den Mund und die Nase zu den Augen und der Stirn, die Wangen und Ohren entlang zum Hinterkopf bis zum Scheitelpunkt. Wenn du magst, kannst du dort einen kleinen Moment verweilen, bevor du den Körper im Ganzen wahrnimmst.

Dann rekele dich und strecke dich, um wieder ganz im Hier und Jetzt anzukommen.

Progressive Muskelentspannung

Die Progressive Muskelentspannung ist eine Entspannungstechnik, die Anfang des 20. Jahrhunderts von dem US-amerikanischen Physiologen Edmund Jacobson entwickelt wurde. Er machte die Beobachtung, dass sich Emotionen und körperliche Zustände wechselseitig beeinflussen können, wie etwa der Muskeltonus bei Erregung oder Anspannung. Wird die Erregung reduziert, führt dies zu einer Entspannung der Muskeln. Aber auch umgekehrt kannst du das Zusammenspiel nutzen: Wenn du deine Muskeln bewusst entspannst, werden meist auch Unruhe oder innere Anspannung reduziert. Du kannst dich wieder besser auf das konzentrieren, was dir im Hier und Jetzt wichtig ist und deine Energie auf positive Dinge lenken.

Die Progressive Muskelentspannung wird in Kursen gelehrt; du kannst aber auch mit einer CD, einer DVD oder einem Buch üben. Auch diese Entspannungstechnik wird von vielen Krankenkassen in der Form eines Kurses vermittelt. Sie findet sowohl bei psychosomatischen als auch bei psychischen Beschwerden Anwendung, kann aber auch zur Entspannung bei körperlichen Beeinträchtigungen genutzt werden.

Gearbeitet wird mit einem Wechselspiel aus Anspannung und Entspannung. Das mag zunächst verwirrend und möglicherweise sogar kontraproduktiv klingen – schließlich möchtest du überschüssige Anspannung loswerden und dich nur entspannen.

Wenn du allerdings bewusst einen Körperteil anspannst und anschließend ebenso bewusst loslässt, gibst du diesem Teil deines Körpers die Möglichkeit sich sehr umfassend zu entspannen. Bei der Progressiven Muskelentspannung wanderst du, ähnlich wie bei dem Bodyscan, durch deinen Körper und spannst der Reihe nach verschiedene Körperpartien an und lässt sie wieder los, bevor du zum nächsten Bereich übergehst. Dadurch können sich nicht nur die Muskeln lockern, sondern meist werden auch weitere Prozesse beobachtet, wie etwa ein ruhigerer Herzschlag und ein Beruhigen der Gedanken. Dies ist besonders dann empfehlenswert, wenn du sehr gestresst bist oder dich dein Leben so stark fordert, dass du gar nicht mehr richtig abschalten kannst und permanent im Morgen oder im Gestern bist.

Durch das bewusste Anspannen und Loslassen bist du die gesamte Zeit geistig und körperlich gefordert und befindest dich dadurch komplett im Hier und Jetzt. Daher bist du auch auf eine ganz besondere Weise in deinem Körper präsent und kannst ihn viel besser wahrnehmen.

Auch bei der Progressiven Muskelentspannung nach Jacobson gibt es verschiedene Ausführungen. Es gibt Kurz- und Langversionen, Anleitungen für eine liegende oder eine sitzende Position und Ansätze, die bei den Füßen beginnen, während andere bei den Händen starten.

Probiere auch hier aus, was für dich besonders gut funktioniert.

Wichtig vorab: Die meisten Anleitungen sprechen von einem Anspannen bis zur Belastungsgrenze. Hast du bereits körperliche Beschwerden, sprich vorab mit deinem behandelnden Arzt und arbeite bewusst mit deinem Körper. Je nach Tagesverfassung kann die individuelle Belastungsgrenze auch variieren. Denke immer daran, gut mit dir umzugehen.

Anleitung Progressive Muskelentspannung

Begib dich in eine bequeme liegende Position, die Beine etwa hüftbreit gespreizt, die Arme neben dem Körper mit den Handinnenflächen nach oben.

Atme ruhig ein und aus und komme in deiner Haltung an.

Dann nimm die rechte Hand und balle sie zu einer kräftigen Faust – bis zur Belastungsgrenze. Halte die Spannung etwa 10 bis 15 Sekunden – atme bitte dabei weiter – und lasse dann los. Fühle, wie das Blut zurück in die Hand fließt, sich Wärme und Entspannung ausbreiten und die Hand wohlig gelockert wird. Winkele dann den rechten Arm an und spreize die Finger der rechten Hand fächerartig auseinander bis zur Belastungsgrenze. Halte, halte, halte und entspanne. Spüre nach, etwa 20 bis 30 Sekunden. Winkele nun den Arm so fest an, dass sich dein Oberarm anspannt. Danach legst du den Arm ab und wiederholst den Ablauf mit deinem linken Arm. Anschließend gehst du zum Gesicht über und presst den Ober- und Unterkiefer fest aufeinander, rümpfst die Nase und kneifst die Augen zusammen – als hättest du in eine Zitrone gebissen. Achtung: Hast du Probleme mit dem Kiefergelenk, lasse diesen Teil aus und zieh nur den oberen Teil des Gesichtes zusammen. Nun entspannst du. Reiße dann die Augen weit auf und ziehe die Augenbrauen nach oben. Halte diese Spannung bis zur Belastungsgrenze und lasse dann los. Um den Nacken und die Kopfmuskeln anzuspannen, kannst du den Kopf leicht in den Untergrund drücken, bis du Spannung spürst. Entspanne und spüre nach. Anschließend ziehe deine Schultern nach oben zu den Ohren. Halte, halte, halte und entspanne. Danach presst du die Schultern in deine Unterlage und drückst den Bauch heraus, um den Rumpf anzuspannen. Um den unteren Rumpf anzuspannen, aktiviere deinen Beckenboden – vergiss auch hier nicht das Atmen – und spanne dein Gesäß an. Nach der Spannungsphase lässt du los und spürst nach. Hebe dann das rechte Bein an, um Spannung in den Oberschenkel zu bringen. Halte, halte, halte und entspanne! Danach zieh die Zehenspitzen in Richtung Knie, um die Wadenmuskeln anzuspannen. Halte auch hier bis zur Belastungsgrenze und entspanne. Abschließend krallst du die Zehen deines rechten Beines fest nach unten, um die Vorderseite des Beines anzuspannen. Dann entspannst du und spürst nach. Gibt es einen Unterschied zwischen dem rechtem und dem linken Bein?

Wiederhole den Ablauf auch mit dem linken Bein. Wenn du damit fertig bist, spanne noch mal alle Muskeln deines Körpers auf einmal an, halte und lasse dann für eine letzte Entspannung los. Fühle, wie locker und gelöst sich dein gesamter Körper anfühlt und lasse die wohlige Wärme der Entspannung durch dich hindurchfließen.

Anschließend strecke dich, bewege die Finger und die Zehen und rekele dich ein wenig, um wieder ins Hier und Jetzt zurückzukehren.

Achtsamkeit auf Abruf

Die oben genannten Übungen eignen sich hervorragend, wenn du dir etwas Zeit nehmen kannst, aber nicht immer lässt sich ein solches Zeitfenster im Alltag einplanen. Aus den vorherigen Kapiteln weißt du allerdings, wie wichtig es ist, sich gerade in stressigen Zeiten gut um dich zu kümmern, damit du nicht von deinem neuen Glücksweg abkommst.

Was aber tun, wenn du vor lauter Arbeit sogar das Essen vergisst?

Mache dir die moderne Technik zunutze. Es gibt zahlreiche Apps, die dich mittels eines Gongs, Glockentons oder mit Naturgeräuschen daran erinnern, eine kleine Achtsamkeitspause einzulegen. Sie laden dich dazu ein, regelmäßig kurz innezuhalten. Du kannst überprüfen, wie es dir in diesem Augenblick geht, ob es etwas gibt, worauf du achten könntest, wie du gut für dich sorgen kannst.

Um deinem Bedürfnis nach Bewegung und Ruhepausen beispielsweise während der Arbeit nachzukommen, könntest du diese Mini-Pause mit einem Gang in die Teeküche verknüpfen, vielleicht sogar mit einer ganz kurzen Geh-Meditation auf dem Weg dorthin. In der Teeküche brühst du dir dann ganz bewusst einen leckeren Tee oder Kaffee auf und nimmst all die Aromen, Gerüche, Farben und Geräusche während des Vorganges wahr.

Wenn du mit deinem Getränk dann wieder an deinem Platz bist, hast du dich kurz im Hier und Jetzt geerdet und kannst erfrischt weiterarbeiten. Vielleicht kannst du auch kurz raus an die frische Luft gehen oder ein Fenster öffnen. Das hilft nicht nur wunderbar, um sich zu erden, weil du die Jahreszeiten und die Natur zu dir ins Büro oder den Pausenraum einlädst, sondern die frische Luft wirkt auch wie ein echter Muntermacher und aktiviert die grauen Zellen.

Wer kein Smartphone hat, kann übrigens auch einen herkömmlichen Wecker verwenden. Und wer befürchtet, die lieben Kollegen mit Gong oder Glocke zu nerven, der kann sie entweder einladen, sich anzuschließen oder aber es wird eine feste Uhrzeit während des Arbeitstages vereinbart, zu dem deine Mini-Auszeit ansteht. Die anderen gönnen sich ja schließlich auch mal eine kleine Kaffee- oder Zigarettenpause. Da spricht nichts dagegen, wenn du dir mit deiner täglichen Portion Achtsamkeit etwas Gutes während der Arbeitszeit tun möchtest.

An den Tagen im Home-Office oder unterwegs kannst du dir dann deine Achtsamkeitserinnerung so oft stellen, wie es für dich passt und dir gut tut.

Das Ziel ist es, zwischendurch einfach aus dem Hamsterrad des Alltages auszubrechen und sich wieder ganz auf dich und dein Leben im Moment zu besinnen.

Wechselatmung

Im Yoga hat das *Pranayama* einen wichtigen Stellenwert, gilt die Zusammenführung von Körper und Atem doch als ideales Mittel, um das Bewusstsein zu beeinflussen.

Du kannst das Pranayama überall und jederzeit ausführen – je nach Atemübung sogar recht unauffällig. Somit sind die verschiedenen Atemübungen ideal für die Achtsamkeitspraxis im Alltag geeignet. Du kannst dir aber auch an einem freien Tag richtig viel Zeit lassen und die Übungen an der frischen Luft in einer schönen Umgebung praktizieren oder vielleicht sogar mit einem hochwertigen Duftöl arbeiten, um die Wirkung mit Aromatherapie zu unterstützen.

Der Begriff Pranayama setzt sich zusammen aus den Sanskrit-Worten *Prana* und *Ayama*. Prana bedeutet Lebensenergie, Ayama so viel wie erweitern oder steuern bzw. kontrollieren. Durch eine regelmäßige Pranayama-Praxis kannst du also deine Lebensenergie, deine Atmung steuern.

Emotionen und Atmung beeinflussen sich wechselseitig. Wenn du aufgeregt bist, verändert sich dein Atem: Er wird flacher, hektischer und die Frequenz erhöht sich. Wenn du nun bewusst deinen Atem steuerst, kann sich auch dein Geist beruhigen.

Hast du durch das Pranayama ein besseres Gespür für dich und deine Atemmuster bekommen und deine Atemhilfsmuskulatur durch die verschiedenen Übungen trainiert, wird es dir immer leichter fallen, mit Hilfe von bestimmten Atemübungen Einfluss auf deinen mentalen und körperlichen Zustand zu nehmen.

Wo vorher nur Platz war für Stress, Panik oder Anspannung, kannst du so in wenigen Atemzügen Raum für andere Emotionen schaffen und Freude und Gelassenheit einziehen lassen.

Es gibt weit mehr als 50 verschiedene Techniken, mit denen das Pranayama gelehrt wird.

Besonders bekannt sind der *Ujjayi-Atem*, der *Meeres- oder Ozean-Atem*, der *Feueratem* und die *Wechselatmung*.

Die Wechselatmung, auch *Anuloma Viloma* genannt, kann bei regelmäßiger Praxis die Funktion deiner Lunge verbessern. Sie soll sich ausgleichend auf dich und deinen Körper auswirken. Im Yoga wird sie verwendet, um den Geist zu beruhigen, bevor mit der Meditation oder einer anderen Yogapraxis begonnen wird. Zudem berichten Praktizierende davon, dass sie bei Schnupfen und anderen Erkältungskrankheiten für Linderung sorgen kann.

Wenn du gesundheitliche Einschränkungen hast, frage zuerst bei den behandelnden Fachkräften nach, ob Anuloma Viloma für dich geeignet ist, bevor du mit dem Üben beginnst.

Anleitung für die Wechselatmung

Nimm für diese Übung eine entspannte, aber aufrechte Haltung im Sitzen ein. Wenn du magst, kannst du auf dem Boden Platz nehmen, auf einem Yogakissen oder, wenn es für dich angenehmer ist, auf einem Stuhl. Platzierst du dich auf einem Stuhl, achte darauf, dich nicht anzulehnen, aber trotzdem eine aufrechte Sitzposition zu bewahren.

Bei der Wechselatmung wird – wie der Name schon vermuten lässt – abwechselnd durch das eine Nasenloch eingeatmet und durch das andere ausgeatmet. Auch im Alltag atmet ein gesunder Mensch abwechselnd durch beide Nasenlöcher, aber Heuschnupfen, Verspannungen und andere Gründe können zu einer Störung dieses Wechselspieles führen. Mit dieser Übung wird dein Körper daran erinnert und du kannst dich sehr bewusst auf deine Atmung konzentrieren.

Du beginnst mit dem linken Nasenloch. Lege dazu Mittel- und Zeigefinger an deine rechte Handfläche, sodass Daumen, Ringfinger und kleiner Finger noch abgespreizt sind. Den Daumen führst du nun an deinen rechten Nasenflügel, den Ringfinger an den linken Nasenflügel.

Verschließe nun das rechte Nasenloch sanft mit deinem Daumen und atme links ein. Nach dem Einatmen legst du eine kleine Atempause ein, indem du Ringfinger und Daumen auf beide Nasenflügel drückst und beide Nasenlöcher verschließt. Dann hebst du den Daumen und atmest durch das rechte Nasenloch aus.

Anschließend atmest du wieder durch das rechte Nasenloch ein, verschließt beide Nasenlöcher und hebst danach den Ringfinger, um durch das linke Nasenloch auszuatmen.

Du kannst einem Atemrhythmus folgen, der als sehr klärend und stärkend wahrgenommen wird: Dazu atmest du 4 Sekunden ein, hältst die Atempause für 8 Sekunden und atmest anschließend 8 Sekunden lang aus.

Wenn du etwas geübter bist, kannst du auch 4 Sekunden lang einatmen, die Pause für 16 Sekunden halten und 8 Sekunden lang ausatmen.

Achte aber immer auf dein individuelles Wohlbefinden und deine Tagesform.

Wichtiger als das Einhalten von Zeiten sind der bewusste Wechsel und die Konzentration auf den Atemprozess.

Yoga

Neben dem Pranayama bietet dir das Yoga noch viele weitere Möglichkeiten, Achtsamkeit zu praktizieren, etwa mit der Meditation in ihren verschiedenen Variationen, mit dem Singen (Chanten) von Mantren oder den *Asanas*, also dem Ausführen und Halten von bestimmten Körperübungen.

Wenn du zwischendurch eine kleine Yogapause einbauen möchtest, kannst du auch zu *Mudras* greifen.

Mudras werden auch als *Fingeryoga* bezeichnet. Gemeint sind bestimmte Handgesten, die mit den Fingern und der Handhaltung eingenommen werden.

Es gibt verschiedene Mudras, die den Energiefluss lenken und unterschiedliche Auswirkungen auf den Organismus und die Psyche haben sollen.

Ganz gleich, ob du diese Auffassung teilst oder nicht, kannst du dir die Mudras zunutze machen, indem du dich, durch die bewusste Ausführung der Handgesten, auf dich und deinen Körper konzentrierst und dich dadurch erdest.

Vermutlich kennst du einige Mudras auch schon aus den Medien oder deiner Umgebung, wie etwa das *Anjali Mudra*. Dieses wird in der Yogapraxis zur Begrüßung verwendet. Du legst die Handflächen und Finger vor dem Brustbein in einer Art Gebetshaltung aneinander. Die Fingerspitzen zeigen dabei nach oben in Richtung Himmel und die Finger sind gestreckt.

Dieses Mudra wird in einigen Kulturen auch zur allgemeinen Begrüßung im Alltag verwendet.

Es kann dich wunderbar dabei unterstützen, dich zu zentrieren und deine Emotionen auszugleichen. Durch die Berührung deiner Handflächen spürst du dich selbst sehr großflächig. Mithilfe der Assoziation dieser Haltung mit Demut kannst du auch etwas Abstand zu dem Chaos des Alltags gewinnen.

Auch das *Chin Mudra* ist sehr bekannt und hervorragend als kleiner Achtsamkeits-Anker geeignet, der im Alltag eingesetzt werden kann. Die Spitzen des Zeigefingers und des Daumens berühren sich, die anderen Finger werden abgespreizt, die Handflächen zeigen nach oben. Wenn du eine mehr erdende Variante dieses Mudras wählen möchtest, lass die Handflächen nach unten zeigen. Diese Variante wird *Jnana Mudra* genannt.

Hast du Lust auf etwas mehr Körpereinsatz, versuche dich im Ausüben von Asanas, also Körperhaltungen, die wir üblicherweise mit Yoga verbinden. Es gibt ganz verschiedene Yogastile – von schweißtreibend und fließend über ruhig und ausgleichend bis hin zu Stilen, bei denen viel gesungen und getönt wird. Besonders effektiv, wenn es um die innere Erdung geht, sind statische Positionen, also Asanas, die gehalten werden.

Du kannst Kurse oder Workshops besuchen, um die verschiedenen Stile auszuprobieren und die Posen ordentlich zu erlernen.

Die Übung *Vrksasana* mag sich wie ein Zungenbrecher anhören, ist aber eine der beliebtesten Grundübungen. Sie fordert und fördert dein Gleichgewicht, sowohl mental als auch körperlich. Stelle dich dafür aufrecht hin, lege die Hände in Brustbeinhöhe ins Anjali Mudra und verlagere dann dein Körpergewicht auf ein Bein. Achte darauf, nicht zu den Seiten auszuweichen und auch darauf, das Kniegelenk nicht voll durchzustrecken. Hebe dann das andere Bein langsam an und lege den Fuß an der Innenseite des Standbeines ab. Je nach Tagesverfassung platzierst du den Fuß eher bodennah an der Wade oder an der Innenseite des Oberschenkels. Ganz wichtig dabei ist, den Fuß nicht am Kniegelenk zu platzieren, um das empfindliche Knie nicht falsch zu belasten. Freue dich über die stabilisierende und klärende Wirkung dieser Übung!

Kreativität

Flow-Erlebnisse sind nur was für Kreative? Dem ist nicht so. Was spricht dagegen, selbst mal kreativ zu werden? Denn es stimmt, dass das Versinken in eine Tätigkeit ganz leicht gelingt, wenn man sich kreativ austobt – vorausgesetzt, du schaffst es, ohne Ansprüche an die Sache heranzugehen.

Du musst keine zweite Frida Kahlo werden, um beim Zeichnen, Malen oder Basteln in einen Flow-Zustand zu geraten. Vielmehr geht es darum, dass du dich bei einer angenehmen Tätigkeit ganz darauf konzentrieren und deiner Kreativität freien Lauf lassen kannst. Die eigene schöpferische Kraft zu entdecken, kann sehr befreiend und beglückend sein, auch unabhängig vom Ergebnis.

Vielleicht magst du zum Ausprobieren erst mal zu den Malkreiden deiner Kinder greifen, vielleicht gibt es aber auch ein Hobby aus Jugendtagen, was du wieder aufleben lassen möchtest?

Wenn du es gerne lebhaft und körperbetont magst, ist das Action-Painting möglicherweise etwas für dich. Oder du greifst zu Schere und Klebstoff und bastelst Collagen aus verschiedenen Materialien.

Mit etwas mehr Aufwand verbunden sind das Töpfern oder die Glasbläserei. In größeren Städten gibt es mittlerweile viele spannende Kurse und Schnupperangebote, bei denen du dich nach Herzenslust ausprobieren kannst. Sehr meditativ ist auch die Ebru-Malerei, eine türkische Malkunst, bei der Gemälde auf einer Wasseroberfläche entstehen, die anschließend auf Papier übertragen werden.

Kannst du mit Papier nur wenig anfangen, versuche dich doch am Bemalen von Stoff – entweder mit Stoffmalfarben oder bei der

Seidenmalerei. Das Ineinanderfließen der Farben ist ein herrliches Schauspiel, das dich komplett gefangen nehmen kann.

Fällt es dir zu Beginn schwer, selbst kreativ zu werden, sind möglicherweise Ausmalbücher oder Projekte mit Malen nach Zahlen das Richtige für dich. Ausmalbücher gibt es mittlerweile in den verschiedensten Schwierigkeitsstufen, mit sehr filigranen Vorlagen oder großflächigeren Bildern, sodass du je nach Lust und Laune auswählen kannst. Auch thematisch hat sich das Angebot immens erweitert, da es mittlerweile, neben den üblichen Büchern für Kinder, auch einen großen Markt für Erwachsene gibt.

Ganz gleich, ob du die Werke großer Künstler ausmalen möchtest, deinen liebsten Zeichentrickfiguren Farbe verleihen willst oder du Landschaftsbilder bevorzugst – es gibt kaum etwas, das es nicht gibt.

Besonders großer Beliebtheit unter den Ausmalmotiven erfreuen sich Mandalas. Diese Schaubilder sind in der Regel geometrisch angeordnet und können sehr detailreich sein oder auch nur aus größeren Kreisen, Linien und anderen Formen zusammengesetzt sein. In vielen Ländern Ostasiens gehören Mandalas zu den populären Meditationshilfen.

Im westlichen Kulturkreis werden Mandalas üblicherweise in Kreisform dargestellt und vielfach als Ausmalmotive zum achtsamen Malen angeboten.

Du kannst natürlich auch selbst kreativ werden und ein Mandala entwickeln. Es gibt spezielle Apps, aber du kannst auch einfach mit Papier, Zirkel und Lineal aktiv werden. Ausgehend von einer der typischen Grundformen kannst du dein Mandala in verschiedene geometrische Formen unterteilen; wichtig ist hierbei eine möglichst präzise Arbeit, damit sich die Muster im gesamten Mandala wiederholen.

Freigeister, die sich trotzdem zu den geometrischen Formen und dem Erstellen von Mustern hingezogen fühlen, haben möglicherweise auch an der Zentangle-Methode Spaß. Wie der erste Teil des Namens schon verrät, handelt es sich beim Zentangle um ein meditatives Zeichnen, das gleichzeitig einen wirren, chaotischen Anteil (Tangle, englisch für Gewirr) hat. Das Zentangle wird auf ein Papierquadrat von 9 x 9 Zentimetern gemalt und besteht aus immer wiederkehrenden Mustern, die in einer beliebigen Form angeordnet sind. Es gibt zahlreiche Zentangle-Muster, die du in wenigen Schritten erlernen und frei nach Lust und Laune kombinieren kannst. Natürlich kannst du auch selbst Muster entwickeln, die in dein Zentangle passen und auch andere Formate für deine Kunst wählen.

Schreibst du lieber, könnten Kalligrafie oder Hand-Lettering etwas für dich sein.

Kalligrafie ist die Kunst des schönen Schreibens und wird – wenn du zu Federkiel und Tinte greifst – zu einer echten Herausforderung, die sich wunderbar eignet, um darin zu versinken.

Während die Buchstaben bei der Kalligrafie besonders schön geschrieben werden, zeichnest du sie beim Hand-Lettering. Zudem finden hierbei auch Schmuckelemente und andere kleine Zeichnungen Platz auf deinem Kunstwerk. Besonders verbreitet ist das Brush-Lettering mit Pinseln auf Papier, aber auch das Chalk-Lettering, also das Zeichnen von Buchstaben mit Kreide oder Kreidestiften, erfreut sich großer Beliebtheit und findet sich auch oft auf Aushängen und Tafeln in Restaurants, Clubs oder Boutiquen.

Handarbeiten und Handwerken

Du möchtest in den Flow kommen, aber Zeichnen und Malen sind nichts für dich? Wie wäre es dann mit Handarbeiten?

Stricken ist beispielsweise schon lange kein Geheimtipp oder überholtes Hobby mehr, sondern weiß, dank seiner zahlreichen positiven Eigenschaften auf den Geist, auf ganzer Linie zu überzeugen. Die positiven Auswirkungen ergeben sich zwar erst nach der Lernphase, wenn du nicht mehr um jede Masche kämpfen musst, aber dann ergibt sich eine wunderbare Möglichkeit für Flow-Erlebnisse. Die Kombination aus sich wiederholenden rhythmischen Bewegungen und dem Zählen von Maschen führt schnell in einen Zustand der achtsamen Konzentration, der perfekten Mischung aus Anforderung und Entspannung kombiniert mit Schaffenskraft – beste Bedingungen für das Flow-Feeling.

Zudem verlangt das Stricken ein ganz eigenes Tempo, es hilft bei der Entschleunigung. Das ist ideal für all diejenigen unter uns, die schnell aufgewühlt sind und sich schwer damit tun, den Stress abzuschütteln.

Wem das Stricken zu anspruchsvoll ist, kann auch einfach zur Häkelnadel greifen. Hier lassen sich meist schneller Erfolge erzielen. Auch das Nähen, Weben oder Sticken können sich für Flow-Handarbeiten eignen. Probiere einfach mal aus, was dir am besten gefällt.

Wenn dir filigrane Arbeiten nicht liegen und du es lieber etwas handfester magst, kannst du natürlich auch Handwerkskunst betreiben. Das Schnitzen oder Schreinern lassen sich ebenfalls wunderbar zur Erzielung von Flow-Erlebnissen nutzen. Der Geruch des Holzes, das du bearbeitest, ist eine weitere Komponente, die das achtsame Erleben ebenfalls in den Vordergrund stellt.

Gärtnern

Die Hände in der feuchten, schweren Erde vergraben, während die Sonne dir angenehm den Nacken und Rücken wärmt, den Duft von Lavendel und Gras in der Nase und das Zwitschern der Vögel im Ohr – merkst du, wie du von ganz allein entspannter atmest und die Schultern sinken lässt?

Der Garten ist für viele Menschen ein absoluter Wohlfühlort, an den sie sich zurückziehen können. Das Gärtnern wiederum ist ein tolles, leichtes Ausdauertraining, das du ganz in deinem Rhythmus gestalten und an deine körperlichen Gegebenheiten anpassen kannst.

Das Grün der Natur tut der Seele gut und senkt das Stresslevel. Sogar der Blutdruck und das eigene Schmerzempfinden können durch die Natur, mit ihren Geräuschen und Farben, gesenkt werden.

Bist du dann noch in direktem Kontakt mit der Natur, indem du etwas pflanzt, harkst oder umgräbst, kommt zudem noch ein gewisser meditativer Stimmungszustand auf.

Die Gartenarbeit regt die Sinne an und fordert eine gewisse Entschleunigung. Zudem musst du dich auf ein Zusammenspiel mit der Natur einlassen und kannst mit eigenen Händen und dem Zutun der Erde etwas erschaffen. Ein tolles Gefühl!

Blumen aus dem eigenen Garten oder Kirschtomaten vom heimischen Balkon sind einfach Balsam für die Seele und holen die Natur mit ihrer wohltuenden Wirkung auch in die Küche oder das Wohnzimmer.

Wenn du keinen eigenen Garten hast, schau mal, ob es bei dir in der Nähe ein Community-Gartenprojekt gibt, an dem du dich beteiligen kannst. Alternativ lässt es sich auch prima auf dem Balkon gärtnern oder du suchst dir einen gut geeigneten Fleck in der Wohnung, an dem du ein paar Pflanzen hegen und pflegen kannst.

Ein toller Nebeneffekt dabei: Durch Pflanzen verbessert sich auch das Raumklima und deine Umgebung wird sich gleich viel einladender und freundlicher anfühlen.

Wer keinen grünen Daumen hat, muss übrigens nicht verzweifeln. Entweder wagst du dich an sehr pflegeleichte und robuste Pflanzenarten oder du umgibst dich einfach mit Pflanzen, etwa bei einem Besuch im Botanischen Garten, einem Waldspaziergang oder einem Bummel durch den Park.

Singen und Klingen

Flow wird vielfach mit künstlerischen und musischen Aktivitäten in Verbindung gebracht. Singen und Musizieren sind wunderbare Techniken, um im Hier und Jetzt anzukommen und deiner Seele etwas Gutes zu tun.

Doch nicht nur deine mentale Verfassung wird durch etwas Musik verbessert - auch körperlich kann sich diese Aktivität positiv auswirken:

Während du singst, wird sich deine Atmung vertiefen – das ist auch beim Spielen bestimmter Instrumente, die mit deinem Atemfluss zum Tönen gebracht werden, der Fall. Zudem können das Immunsystem gestärkt und Stress abgebaut werden.

Singen kann sogar helfen, um glücklich zu sein. Das liegt an der verstärkten Produktion der Kuschel- und Glückshormone, wie Oxytocin, Noradrenalin und Serotonin.

Es gibt zahlreiche Möglichkeiten, Musik in den Alltag zu integrieren. Du kannst einem Chorprojekt beitreten – dabei erlebst du neben den bereits erwähnten Auswirkungen auch die wohltuende Gemeinschaft und das Miteinander der Chormitglieder. Du kannst einen Jugendtraum verwirklichen und eine Band gründen oder du lernst ein neues Musikinstrument.

Je nach persönlicher Veranlagung und Zeit kannst du als Autodidakt mit DVDs und Youtube-Videos arbeiten, dich in einer Musikschule anmelden – es gibt auch Schnupperkurse für Erwachsene – oder dir einen Privatlehrer organisieren.

Wenn du weniger Aufwand betreiben möchtest, singe einfach zwischendurch mal vor dich hin. Sind die Hemmungen zu groß, warte, bis du alleine im Haus bist, drehe die Musik etwas lauter und singe einfach zu deinem Lieblingssong mit. Oder du singst mit deinen Kindern und lachst mit ihnen dabei nach Herzenslust.

Extrovertierte könnten sich auch mal an Karaoke versuchen und dabei den inneren Rockstar in Szene setzen. Vielleicht entdeckst du dabei sogar verborgene Talente?!

Wichtig beim Musizieren und Singen ist, dass du den Spaß an der Sache und eine gewisse Leichtigkeit zulässt, damit das Projekt nicht zu einer zusätzlichen Stressquelle wird.

Tanzen

Tanzen macht glücklich! Diese altbekannte Äußerung lässt sich mittlerweile auch mit Fakten belegen: So wurde nachgewiesen, dass das Tanzen durch die rhythmischen Bewegungen und die anspruchsvolle Koordination der einzelnen Gliedmaßen nicht nur ein gutes Training ist, das die Produktion von Glückshormonen anregt, sondern auch der Psyche gut tut und sogar als Prävention von Alzheimer genutzt werden kann. In der Psychotherapie wird Tanz dazu genutzt, versteckte Emotionen an die Oberfläche zu bringen. Zudem entwickeln die meisten Hobbytänzer bei regelmäßigem Training ein besseres Körpergefühl und ein stabileres Selbstbewusstsein. Wird in der Gruppe oder mit einem Partner getanzt, können auch die sozialen Kompetenzen verbessert und das Gemeinschaftserlebnis als wohltuende Komponente empfunden werden.

Wenn du dich bei dem Gedanken an Tanzen schüttelst und wahlweise an steife Tanzschulen-Abende oder überfüllte Discotheken denkst, dann sei beruhigt: Es gibt unzählige Möglichkeiten, tänzerisch aktiv zu werden.

Neben den klassischen Standardtänzen gibt es mittlerweile in jeder größeren Stadt eine Fülle an anderen Tanzkursen, auch für Erwachsene. Du wolltest schon immer mal im Tutu über das Parkett schweben? Dann habe Vertrauen in dich selbst und besuche einen Erwachsenen-Kurs! Oder begib dich auf eine Zeitreise und wage dich bei einem Tanz-Wochenende an Rock'n'Roll oder Lindy-Hop. Auch Menschen, die sich gerne entsprechend der damaligen Mode kleiden, kommen hier voll und ganz auf ihre Kosten.

Wenn du keinen Partner für Standardtänze hast, gibt es auch viele Tanzstile, die du alleine oder in der Gruppe tanzen kannst.

Somit bist du vollkommen unabhängig und kannst auch zuhause jederzeit üben, ohne dich mit einer anderen Person absprechen zu müssen.

Auch Hip-Hop und Jazzdance erfreuen sich immer noch großer Beliebtheit, ebenso wie Nia oder Capoeira mit der kämpferischen Note.

Weitere Alternativen sind der Hula-Tanz oder der Bauchtanz, aber auch Ausdruckstanz oder Biodanza in der Gruppe sind einen Versuch wert. Falls möglich, schnuppere doch einfach mal in verschiedene Angebote rein und nehme an Workshops teil.

Mittlerweile gibt es für jedermann den passenden Kurs, auch für Personen mit körperlichen Einschränkungen oder geringer Ausdauer.

Und selbstverständlich bleibt dir immer noch die Möglichkeit des freien Tanzens.

Beweg dich bei einem Konzert, tanze mit deinen Liebsten durchs Wohnzimmer oder mache mit der Lieblingsfreundin die Tanzfläche eines Clubs unsicher.

Wenn du sehr schüchtern bist, kannst du auch zuhause deine Lieblingsmusik auflegen und einfach durch die Wohnung tanzen. Wild oder weich, langsam oder schnell, sportlich oder verträumt – genau so, wie du es in dem Moment magst und es sich für dich und deinen Körper gut anfühlt. Genieße das Zusammenspiel von Musik und Bewegung und sei ganz eins mit dir. Glücksgefühle stellen sich dann von ganz alleine ein.

Für den Alltag eignet sich das Tanzen übrigens ebenfalls: Mal ein kleiner tänzelnder Schritt auf dem Parkplatz oder ein, zwei Shimmys auf dem Flur im Büro heben deine Laune garantiert. Und auch deine Kinder freuen sich sicher über gemeinsames Toben und Tanzen mit dir!

Hast du intuitiv schon ein paar Übungen und Vorschläge entdeckt, die dir besonders zusagen?

Wenn du etwas Neues ausprobierst, habe Geduld mit dir und deinem Geist. Gerade Meditation ist etwas, an das man sich langsam herantasten sollte. Sei nicht unzufrieden mit dir, wenn statt der erwarteten inneren Ruhe die Gedanken auf dich einprasseln wie ein Starkregen und herumeilen wie wildgewordene Äffchen. Versuche auch hier einen gewissen inneren Abstand zu wahren und führe dich mithilfe eines Mantras oder deines Atems immer wieder zurück.

Erste-Hilfe-Koffer für Stresssituationen

Manchmal kommt es hart auf hart und vollkommen unvermittelt! Trotz deiner neuen Lebenseinstellung erwischt dich ein Tiefschlag, dem du nicht ausweichen kannst. Um dann nicht den Boden unter den Füßen zu verlieren, kannst du zu einigen Kurz-Übungen greifen, die dich darin unterstützen, deinen achtsamen Umgang mit dir und deinem Umfeld nicht aus den Augen zu verlieren:

- Bauchatmung

  Die Bauchatmung ist ein wunderbares Hilfsmittel bei starken Unruhezuständen, Angst und Panik, denn sie wirkt sehr beruhigend und erdend. Sie wird auch Zwerchfellatmung genannt, da bei dieser Form der Atmung – anders als bei der Brustatmung – das Zwerchfell in Spannung versetzt wird und der Körper auf diese Weise effektiv mit Sauerstoff versorgt werden kann. Du fühlst dich innerhalb weniger Atemzüge entspannter und klarer und kannst einem betäubten Grundgefühl, das sich gerne mal durch die flache, hektische Atmung bei Anspannung einstellt, entgegenwirken.

  Atme dazu einfach ein paar Mal in deinem Atemrhythmus tief in den Bauch. Versuche, die Luft bewusst durch die Nase in die Luftröhre strömen zu lassen und sie nach unten zu befördern, bis sich deine Bauchdecke hebt. Bemerkst du Widerstände, weil du z. B. zu angespannt bist, strebe diese Bewegung an, aber forciere sie nicht.

Wenn du dich bereit dazu fühlst, kannst du versuchen, deine Atmung etwas zu verlangsamen, was sich meist auch unmittelbar auf dein vegetatives Nervensystem auswirkt und somit auch für eine mentale Beruhigung sorgt.

Diese Technik lässt sich gut in ruhigen Situationen ein-üben und dann in Stress-Situationen zur Beruhigung anwenden. Sie ist absolut unauffällig und kann auch in der Bahn, im Vorlesungssaal oder im Konferenzraum praktiziert werden.

Bist du alleine, kannst du beim Ausatmen auch mal seufzen und deiner inneren Anspannung so zusätzlich die Möglichkeit geben, zu weichen und der Ruhe und Achtsamkeit wieder Platz zu machen.

- Die Lippenbremse

  Die Lippenbremse ist eine Atemtechnik, die vor allem bei Beschwerden durch Bronchialerkrankungen zur Entlastung genutzt wird. Sie findet aber auch Anwen-dung in der Körpertherapie und wird hier zum Stress-abbau eingesetzt. Lege deine Lippen locker aufeinander und dann erhöhe den Druck. Atme anschließend durch die gepressten Lippen aus. Deine Lippen nehmen eine Position ein, als würdest du pfeifen. Der Atemstrom wird dadurch gezielt verlangsamt, die Atmung kann sich beruhigen und dadurch auch dein Nervensystem.

  Auch diese Übung lässt sich relativ unauffällig und rasch in der Öffentlichkeit anwenden und sorgt schnell für Entlastung.

- Abschnauben

  Auch diese Übung ist eine Atemübung. Allerdings ist sie weniger diskret als die Lippenbremse oder die Bauchatmung. Dafür kann sie aber auch richtig Spaß machen und ist bestimmt der Hit bei deinen Kindern!

Lege die Lippen wieder aufeinander und blase dann durch die geschlossenen Lippen hindurch die Luft aus. Die Lippen flattern dabei ein wenig, es entsteht ein Geräusch, das dem Schnauben ähnelt.

Pferde nutzen dieses „Abschnauben" zum Stressabbau und auch Menschen berichten von der wohltuenden Wirkung dieser Technik. Vielleicht musst du dich anfangs etwas überwinden, aber probiere es gerne mal aus. Das Abschnauben ist eine hervorragende Hilfe bei Panik oder Wut!

- Achtsamkeitsübung mit Reiz

  Dir wird plötzlich alles zu viel und du bist kurz davor, zu explodieren oder in Tränen auszubrechen?

  Achtsamkeit war dir noch nie so fern, wie in diesem Moment, aber du willst dir auch keinesfalls die Blöße geben, weil du dich in einem Setting aufhältst, in welchem du dich nicht sicher genug fühlst?

  Fordere deine Achtsamkeit mit einem stärkeren Reiz heraus. Dazu kannst du einen Stressball knautschen, einen Igelball an den Fußsohlen spüren oder einen Eiswürfel in der Hand schmelzen lassen – je nachdem, wo du dich gerade aufhältst und wie diskret du mit einer Übung vorgehen willst, kannst du aus einer Vielzahl von Reizen und Hilfsmitteln wählen.

  Bist du im Büro, suche dir beispielsweise einen Gegenstand mit einer ungewöhnlichen Oberfläche, etwa eine Raufasertapete. Über diese kannst du ganz vorsichtig mit der Hand streichen und, ähnlich wie der Rosinenübung, alle Empfindungen wahrnehmen und beobachten.

Dein Fokus auf diese Übung unterstützt dich dabei, ein Überschwemmen durch andere Gefühle zu vermeiden, sodass du dich neu ausrichten und erst mal zur Ruhe kommen kannst, bevor zu reagierst. Alternativ eignen sich auch ein Handschmeichler oder ein weicher Teppich. Werde kreativ und lege dir vielleicht ein bis zwei Hilfsmittel in die Schreibtischschublade, mit denen du gute Erfahrungen gemacht hast. Dies kann beispielsweise ein Stressball oder einen Stein mit vielen Rillen sein.

- Mini-Anspannung

  Für Progressive Muskelentspannung ist keine Zeit, aber du stehst komplett unter Strom? Lege eine Mini-Session ein! Das geht komplett unauffällig, auch im Stau oder beim Elternsprechtag. Kralle zunächst deine Zehen in den Boden, sofern es deine Schuhe zulassen, halte und entspanne! Dann spanne den Beckenboden und das Gesäß an, halte und entspanne. Anschließend machst du Fäuste und sorgst hier für die maximale Anspannung, bevor du entspannst. Lässt es die Situation zu, kannst du noch die Zähne aufeinander beißen oder die Lippen aufeinander pressen und dann loslassen.

  Du musst die einzelnen Stationen nicht lange bearbeiten. Wichtig ist nur, dass du den Unterschied zwischen der bewussten Anspannung und der bewussten Entspannung wahrnimmst und so eine Lockerung eintreten kann.

- Siegerpose

  Perfekt für die Umkleide, die Toilettenpause oder den unbeobachteten Moment im Aufzug:

  Stelle dich mit beiden Beinen fest und stabil hin, die Füße stehen dabei hüftbreit auseinander.

Gehe leicht in die Knie und hebe deine Zehen einmal kurz vom Boden, damit sich das Gewicht deines Körpers gleichmäßig verteilt. Dann richte deine Wirbelsäule bewusst auf, der Kopf über dem Brustbein, das Brustbein über dem Beckenboden, lächele dabei. Nimm deine Hände und stemme sie fest in die Hüften. Stehe da wie ein breitbeiniger Cowboy. Dann reiße die Hände in einer typischen Jubel- oder Siegerpose nach oben, gerne begleitet von einem Jauchzer oder einem starken Ausruf!

Halte die Arme triumphierend oben und lasse die Wirkung dieser Pose auf dich wirken. Der feste Stand vermittelt deinem Körper Sicherheit, die Breite gibt dir Schutz und die siegreich in die Luft gerissenen Arme sorgen für einen positiven Aufschwung.

- Aromatherapie „to go"

Die Macht von Gerüchen ist mittlerweile allgemein bekannt. Gerüche, die wir als unangenehm wahrnehmen, können uns regelrecht krank machen, während von uns als angenehm bewertete Düfte unsere Stimmung heben, Ängste lösen und uns beruhigen können.

Mit der Aromatherapie gibt es sogar ein eigenes Forschungsfeld, das sich mit der Auswirkung von Düften auf unseren Organismus und unser Seelenleben beschäftigt.

Du selbst kannst dir die bisherigen Erkenntnisse zunutze machen und eine Aromatherapie „to go" anwenden:

Wähle eine gute Handcreme mit feinen ätherischen Ölen, die dich ansprechen. Wenn du bei der Arbeit in Stress gerätst, kannst du dir unauffällig etwas Creme auf die Hände geben und z. B. den beruhigenden Duft von Lavendel oder Rose einatmen.

Wenn dir das fokussieren schwer fällt, probiere doch mal einen frischen Zitrusduft – Orange hebt wunderbar die Stimmung – oder einen Minzduft. Dieser wird auch als kühlend und beruhigend empfunden.

Wenn du magst, kannst du auch einen Roll-on-Stift oder ein Duftfläschchen verwenden und dies in Stresssituationen zum Einsatz bringen. Achte nur immer darauf, hochwertige ätherische Öle zu verwenden und vor der Anwendung zu testen, ob Allergien oder Unverträglichkeiten bestehen.

Kapitel 5 –
Unbeirrt: Dein
neuer Weg

Du hast deinen neuen Weg eingeschlagen und du fühlst dich nach anfänglichen Schwierigkeiten immer sicherer und wohler. Du bemerkst die positiven Auswirkungen deiner Veränderungen, sodass es dir leicht fällt, dein Ziel zu verfolgen.

Durch deine Arbeit an dir selbst hast du gelernt, dass ein oder zwei schlechte Tage nicht das Ende der Welt bedeuten. Du weißt, wie du mit schlechter Stimmung umgehen kannst und du verurteilst dich nicht dafür, wenn es dir mal nicht gelingt, im Hier und Jetzt präsent zu bleiben.

Du weißt, dass du ein Wesen menschlicher Natur bist und dass Menschen Fehler machen. Auch weißt du, dass Menschen leicht in alte Muster zurückfallen und eigentlich lieber den Weg des geringsten Widerstandes gehen. Du weißt, dass dir deine Veränderung einiges an Aufmerksamkeit und Kraft abverlangt und dass es vollkommen legitim ist, auch mal keine Lust zu haben oder müde zu sein.

Das ist alles wunderbar. Allerdings lebst du nicht alleine auf dieser Welt und der Kontakt mit deinem Umfeld kann überraschend deutlich weniger positiv ausfallen, als du das vielleicht angenommen hast. Mögliche Stolpersteine, die dich von deinem neuen Weg abbringen können, sind unter anderem Missgunst,

Neid, Eifersucht, Angst oder auch Unsicherheit, die deine Liebsten oder andere Kontakte an dich herantragen.

Warum freut sich denn niemand für mich?

Gerade dein persönliches Umfeld sollte doch die erste Anlaufstelle sein, von der du Unterstützung erwarten dürftest, oder?

Und gerade diese Leute sollten doch auch diejenigen sein, die sich mit dir über deine Veränderung freuen sollten, oder etwa nicht?

Es kann sehr ernüchternd sein, wenn man auf seiner Reise feststellt, dass man ausgerechnet von den Menschen Steine in den Weg gelegt bekommt, von denen man es am wenigsten erwartet hätte.

Dabei kann es hilfreich sein, sich bewusst zu machen, aus welchen Gründen sich dein Umfeld vielleicht weniger unterstützend zeigt, als du es erwartet hättest.

Gerade sie könnten sich doch am ehesten darüber freuen, dass du dich wohler in deiner Haut fühlst, weniger gestresst, präsenter und somit auch aufmerksamer bei der Arbeit und im Umgang mit anderen bist. Aber ganz so einfach verhalten sich die Menschen leider nicht.

Möchtest du verstehen, warum dein Umfeld möglicherweise negativ auf deine positiven Veränderungen reagiert, solltest du dir klarmachen, dass der Mensch ein Gewohnheitstier ist.

Sicherlich hast du schon an dir selbst beobachten können, dass positive Neuigkeiten in deinem Umfeld zunächst zu einem kurzen Moment der Verunsicherung bei dir führen. Erinnere dich daran, als deine beste Freundin sagte, dass sie es mit ihrem Freund wirklich ernst meint und sie sogar über eine Heirat nachdenken. Natürlich hast du dich für sie gefreut, aber da war auch die Sorge, was aus eurer engen Verbindung wird, wenn eine andere Person in ihrem Leben plötzlich so wichtig wird.

Oder als deine Lieblingskollegin von ihrer Schwangerschaft erzählt hat – ja, das ist wunderschön, aber mit wem würdest du dann lachen und schnacken während der Arbeitszeit? Und würde sie überhaupt wiederkommen?

Solche Gedanken sind vollkommen normal und bedeuten keineswegs, dass du der Person die gute Neuigkeit in ihrem Leben nicht wünschst. Aber während sich diese bereits damit auseinandersetzen konnte, musst du dich erst mal an den Gedanken gewöhnen und abwägen, was das für dich bedeutet und dich zudem auf die neue Situation einstellen.

Ungewohnte Situationen, generell Unbekanntes, verunsichert die Menschen, da sie nicht wissen, wie sie sich verhalten sollen. Sie wissen nicht, welche Emotionen und Schwierigkeiten auf sie zukommen. Sie brechen aus gewohnten Routinen aus und müssen mit deutlich mehr emotionalem Aufwand neue Muster entwickeln. Das kann Angst machen oder Unmut hervorrufen – denn wir alle mögen es bequem und angenehm. Das Verlassen der Komfortzone hingegen ist eine nicht eingeplante Belastung, der wir uns nun ungefragt gegenübergestellt sehen, weil wir aufgrund der Neuigkeit und der damit einhergehenden Veränderung dazu gezwungen sind. Auch wenn wir uns noch so sehr für unsere Lieben mitfreuen – die Veränderung müssen wir trotzdem bewältigen.

Genau diese Gedanken kann auch dein Umfeld bekommen, wenn du dich plötzlich bewusst für dein Lebensglück entscheidest. Wer die Gestaltung seines Lebens selbst in die Hand nimmt, verlässt die passive Rolle und sorgt indirekt auch dafür, dass sich – wie bei einer Kettenreaktion – andere Bereiche in seinem Umfeld verändern.

Hast du beispielsweise beschlossen, dass du mehr auf eine Work-Life-Balance achten willst, nachdem du jahrelang im Büro die vorbildliche Kollegin warst, die für alle anderen Mitarbeiter die unbeliebten Schichten und Aufgaben übernommen hat – natürlich ohne zu klagen oder eine Gegenleistung zu erwarten – kann das bei deinen Kollegen zu großen Irritationen führen. Vielleicht beinhalten deine Veränderungen, dass du die Arbeiten anderer nicht mehr übernimmst. Wer macht denn jetzt die lästige Ablage, kauft frischen Kaffee und füllt abends Papier in den Drucker? Deine Entscheidungen, obwohl du sie nur für dich triffst, betreffen eben auch andere und nicht immer ist den anderen die Neuigkeit recht.

Sie stehen plötzlich in der Verantwortung und das erzeugt Widerwillen. Möglicherweise war ihnen gar nicht bewusst, welche Arbeitslast sie auf dich abgewälzt haben. Das kann insbesondere dann der Fall sein, wenn du die Rolle der arbeitsamen, eifrigen Person übernommen hast, die durch Fleiß und Leistung Anerkennung erzielen wollte und sich nie beschwert hat. In einem solchen Fall kann eine Veränderung sehr plötzlich wirken. „Sie hat doch nie was gesagt" oder „Das hat ihn doch auch sonst nicht gestört!" könnten dann die Gedanken und Aussagen der Kollegen sein.

Eventuell fühlen sich die Leute auch beschämt, wenn sie merken, was sie dir zugemutet haben. Dieses Gefühl mag keiner und es lässt sich leichter ertragen, wenn der Ball zurückgespielt wird.

Auch der erwähnte Neid oder Eifersucht können sich in deinem Umfeld ausbreiten: „Die hat es gewagt, sich aus einer unglücklichen Arbeitsposition zu lösen und jetzt hat sie einen richtig guten Job. Der fällt aber auch alles zu." Dass du große Ängste ausgestanden, bereits monatelang Fortbildungen absolviert und ein Vorstellungsgespräch nach dem nächsten hattest, wird gerne außer Acht gelassen.

Du kennst es ja selbst: Neid ist ein starkes Gefühl. Eigentlich zeigt es nur an, dass der Betroffene an diesem Punkt in seinem Leben selbst einen Mangel feststellt. Somit ist Neid grundsätzlich nichts Schlechtes, sondern kann ein nützlicher Hinweis darauf sein, selbst aktiv zu werden. Wer davor aber zu große Angst hat oder zu bequem ist, gerät leicht in Eifersucht und gönnt dir dann dein Glück nicht.

Das kann sich auf verschiedenste Weisen zeigen: Durch offenes Ausdrücken der Missgunst oder auch durch kleine

Seitenhiebe. Es kann aber auch in Form falscher Vorsicht oder Sorge daherkommen: „Bist du dir wirklich sicher, dass du dich von Kim scheiden lassen willst? Wie stehst du denn dann da in deinem Alter, geschieden und ohne jemanden an deiner Seite? Ich will ja nur nicht, dass du es später bereust!" Vielleicht macht sich die Person wirklich Sorgen um dich. Vielleicht nutzt sie jedoch die Sorge um dich auch dazu, nicht bei sich selbst zu schauen.

Es ist so viel einfacher, sich in den vermeintlichen Problemen eines lieben Menschen zu verstricken, als seine eigenen Baustellen zu bearbeiten.

Oder es handelt sich um eine vorgeschobene Sorge, weil eine Veränderung deinerseits auch Veränderungen in dem eigenen Leben nach sich ziehen könnten. Du kennst das vielleicht selbst: Führen andere einschneidende Veränderungen in ihrem Leben durch, wirst du auf dich selbst zurückgeworfen, stellst möglicherweise selbst Dinge in Frage. Die Routine wird aufgebrochen. Beziehungsdynamiken verändern sich und in gewisser Weise ist auch das gesamte Umfeld betroffen:

Was, wenn du jetzt plötzlich glücklicher Single bist? Wie soll man dann die eigene unglückliche Ehe rechtfertigen, wenn du einfach ausgebrochen bist aus dem verbindenden Schicksal?

Auch das kann ein Grund dafür sein, warum sich Menschen verletzt von deinem neuen Glück fühlen:

Du bist kein Leidensgenosse mehr. Du bekämpfst nicht mehr den gemeinsamen Feind oder du bist nicht mehr die sichere Adresse für das gemeinsame Jammern. Du bist den Schritt in ein neues Leben gegangen. Du hast geschaut, was in deiner Macht steht und entsprechend Dinge oder Beziehungen in deinem Leben verändert, die dir nicht gut taten. Damit bist du plötzlich nicht mehr im Team. Du hast dich ungefragt aus der Gruppe entfernt.

Das kann sogar als Provokation empfunden werden, insbesondere dann, wenn du lange Teil dieser Gruppe warst.

Und deine Entscheidung, endlich aktiv zu werden, statt nur über Veränderung zu reden, führt den anderen möglicherweise ihren eigenen Stillstand vor Augen, ihr Zögern, ihr Hadern – und damit möchte niemand gerne konfrontiert werden.

Warst du selbst schon mal in der Position, dass du der Veränderung einer Person kritisch gegenüberstandst, weil du neidisch warst oder dich zurückgesetzt gefühlt hast?

Gelassen und unbeirrt

Was also tun, wenn dein Umfeld plötzlich beleidigt, verwirrt oder sogar ablehnend reagiert, wenn du dich für ein aktives Glücklichsein entscheidest?

Es gibt verschiedene Möglichkeiten zum Umgang mit diesen Reaktionen, die du auf dein Gegenüber und natürlich auch auf dich und deine aktuelle Tagesverfassung abstimmen solltest.

Nicht immer wirst du die Kraft, die Zeit oder die Nerven haben, jemandem umfänglich zu erklären, warum du nun etwas anders machst, was dir dein Glück bedeutet und wie du dich für Veränderungen in deinem Leben entschieden hast.

Und du bist auch keineswegs dazu verpflichtet. Dieser Punkt ist ganz wichtig für dich.

Denn nicht jedem Menschen in unserem Umfeld sind wir gegenüber verpflichtet tiefe Einblicke in unsere Entscheidungen oder Beweggründe zu geben. Gerade wenn man aber etwas Neues ausprobiert und vielleicht noch etwas unsicher ist, hat man oft das Gefühl, sich erklären oder rechtfertigen zu müssen. Aber: Du musst nicht. Du kannst. Wenn du willst. Hast du keine Lust oder siehst du keinen Sinn darin, weil von der fragenden Person doch nur destruktive Kritik kommen wird oder hast du schlichtweg einfach einen schweren Tag – dann lasse es!

Wichtig für dich ist, es zu akzeptieren, dass du Gegenreaktionen bekommen wirst, ohne dich davon demotivieren oder verunsichern zu lassen.

Wenn dir viel an der Beziehung zu dieser Person liegt, erkläre ihr, warum du bestimmte Verhaltensweisen änderst, beim Jammern nicht mehr mitmachen möchtest oder für dich beschlossen hast, weniger auf Genussgifte zurückzugreifen – ohne Wertung und immer aus der Ich-Perspektive heraus. So machst du klar, dass diese Entscheidung nur für dich gilt und du die andere Person keineswegs dafür verurteilst, sollte sie anderer Meinung sein. Dann darfst du allerdings auch gleichermaßen erwarten, dass deine Veränderungen akzeptiert werden – frei nach dem Motto: Leben und leben lassen.

Du kannst zu verstehen geben, dass du dich in einem Transformationsprozess befindest und du manches ausprobieren wirst. Dann sind alle vorgewarnt, die es betreffen sollte.

Bei Personen, von denen du annimmst, dass sie dir nur reinreden werden, musst du dich nicht so weit öffnen, sondern du kannst sie, wenn du die Änderungen vornimmst, mit den Tatsachen konfrontieren und dann bei Bedarf mehr erklären. Stelle das Angebot, dass sie fragen können, wenn sie etwas wissen möchten, aber versuche nicht, dich vorab zu erklären oder zu rechtfertigen. So sparst du dir deine Energie und kannst in einer offenen Atmosphäre ein Gespräch beginnen, wenn dein Gegenüber wirklich bereit und interessiert ist. Zudem vermeidest du, dass du unnötig verunsichert wirst.

Betreffen deine Veränderungen Kinder, versuche, ihnen auf altersgerechte Weise zu erklären, warum du die Veränderungen vornimmst. Denke daran, dass sie je nach Alter und Entwicklungsstand noch nicht alles so leicht nachvollziehen können wie Erwachsene und dass sie ihre persönlichen Belange vor deine Interessen stellen wollen. Machst du ihnen aber auf liebevolle Weise klar, dass die Änderungen wichtig für dich sind, aber keineswegs bedeuten, dass du sie weniger lieb hast – auch wenn sich die Änderungen vielleicht unbequem für die Kleinen anfühlen – dann ist schon ein wichtiger Schritt getan.

Überhaupt ist es wichtig, dass dein Gegenüber – ganz gleich welchen Alters – sich gesehen fühlt und ihm klar gemacht wird, dass du dich nur von alten Gewohnheiten trennst und nicht auch von ihm.

Kannst du diese Information in den Gesprächen transportieren, beruhigt sich die Stimmung meist recht schnell wieder.

Wenn du dann mit gutem Beispiel vorangehst und die anderen mit einbindest, kann es sogar sein, dass sich dein Umfeld mitreißen lässt. Wenn du dich z. B. mit deinen Freunden zum Spazierengehen triffst, kannst du von deinen tollen Erlebnissen erzählen und auch die anderen nach Lieblingsmomenten und persönlichen Highlights fragen, anstatt über andere Personen Negativitäten auszutauschen. Ein toller Nebeneffekt, der es dir selbst noch leichter machen wird, deinen Glücksweg mit sicherem Schritt zu beschreiten.

Wenn du ein Mensch bist, der neue Dinge lieber erst mal für sich alleine erkundet und deswegen ohnehin sehr empfindlich auf das Feedback von außen reagiert, dann gönne dir eine Eingewöhnungszeit, bevor du andere an deinem neuen Weg teilhaben lässt.

So bist du schon etwas gefestigter und lässt dich von Pessimismus und Scherzen nicht so leicht verunsichern oder demotivieren.

- Wie reagierst du, wenn jemand deine Veränderungen nicht begrüßt?

- Lässt du dich leicht verunsichern, wenn dich jemand für deine Entscheidungen angreift?

- Kannst du konstruktive Kritik für dich nutzen?

- Fällt es dir schwer, dich über etwas zu freuen, wenn dein Gegenüber es ganz offensichtlich ablehnt?

- Neigst du zu Überschwang, wenn du etwas Neues für dich entdeckst?

- Hast du das Bedürfnis, jeden über deine Veränderungen zu informieren?

- Oder hast du eher Sorge auf Ablehnung zu stoßen und behältst daher alles für dich?

- Möchtest du gerne andere mitreißen oder diesen neuen Weg lieber erst mal alleine erkunden?

Toxische Kontakte und Alternativen für deinen Weg

Das oben genannte Szenario ist natürlich wünschenswert. Was ist jedoch, wenn es in deinem Umfeld einige Menschen gibt, die beharrlich darauf aus sind, dir deinen neuen Weg schlecht zu reden?

Und was ist, wenn du auch nach Wochen noch unpassende Sprüche gesagt bekommst, sich jemand abfällig zu deinen Entscheidungen äußert oder sich lustig macht, indem er deine neue Lebenseinstellung als esoterische Spinnerei oder als Gutmenschentum bezeichnet oder deine neuen Grenzen nicht respektiert?

Wann lohnt es sich, diese Kontakte zu begrenzen oder abzubrechen? Und musst du dich dann ganz alleine auf deinem neuen Weg fortbewegen?

Es kommt natürlich ganz darauf an, in welchem Ausmaß dich die Aktionen und Äußerungen der anderen Person berühren. Zudem macht es einen Unterschied, ob ihr ein persönliches Verhältnis habt oder ob ihr beruflich miteinander agiert.

Handelt es sich um eine Person aus deinem persönlichen Umfeld, kannst du noch einmal das Gespräch mit ihr suchen. Mache ihr klar, dass dich das Verhalten verletzt und versuche, den Grund für die negative Reaktion herauszufinden. Hat die Person Angst, nicht mehr relevant zu sein? Fühlt sie sich überfordert oder verunsichert? Biete erneut an, bestehende Fragen zu klären. Geht die andere Person darauf ein und signalisiert sie, dass sie ihr Verhalten ändern möchte, sich aber aktuell noch an die neue Situation gewöhnen muss, gib ihr noch eine Chance. Schlage vielleicht eine Auszeit vor, in der ihr euch weniger seht, sodass sie sich etwas daran gewöhnen kann. Wenn sie dich später das nächste Mal sieht und merkt, dass du noch viel mehr vor Glück strahlst und kann sie sich dann noch immer nicht mitfreuen beziehungsweise deinen neuen Lebensweg nicht akzeptieren, dann kannst du dir überlegen, ob du diese Person wirklich in deinem engen Umfeld haben möchtest.

Toxische Beziehungen sind manchmal schwer zu beenden – weil man den anderen Menschen liebt, weil so eine lange Bindung besteht, weil man sich verpflichtet fühlt oder weil man Angst vor dem Alleinsein hat. Aber all das sollte in den Hintergrund rücken, wenn dir die Person weh tut. Lasse nicht zu, dass dir jemand anderes dein Lebensglück, dass du dir erschaffst, abwertet oder gar verdirbt.

Bekannte oder Personen, die dir nicht so wichtig sind oder die du nur flüchtig kennst, etwa die eine Mama aus dem Kindergarten deines Sohnes oder die Lea aus dem Bauchtanzkurs, kannst du auch einfach getrost ausblenden. Das bedeutet nicht, dass du sie als Person ignorieren sollst. Beschränke die Kommunikation auf höfliche Grußformeln und belasse es dabei. Nicht jede Person hat ein Anrecht auf persönlichen Kontakt mit dir und es steht ihnen auch nicht zu, deine Entscheidungen zu bewerten.

Überlege dir aber auch, was deine Beziehung zu dieser Person bisher ausgemacht hat. Wenn ihr euch beispielsweise nur immer dann getroffen habt, wenn eine von euch Liebeskummer hatte und ihr gemeinsam auf die Herzensbrecher schimpfen konntet, dann ist es kein Wunder, wenn dein Gegenüber irritiert ist und sich fragt, was ihr jetzt überhaupt noch miteinander anfangen sollt.

Hier ist es dann wichtig, der Beziehung die Chance zu geben, sich neu auszurichten, einen anderen gemeinsamen Nenner zu finden. Das kann eine Weile dauern und mit ein wenig Auseinandersetzung und Anpassungsschwierigkeiten einhergehen, sich aber tatsächlich lohnen, wenn beide Seiten Interesse daran haben, die Beziehung wachsen zu lassen.

Beziehungen, unabhängig davon, ob sie romantischer Art sind, zwischen zwei Familienmitgliedern, Freunden oder Kollegen, können sich immer wieder verändern. Diese Veränderungen können wunderbare Chancen für Wachstum sein. Ist allerdings nur eine Seite daran interessiert, sich weiterzuentwickeln, entstehen Spannungen, die eine Bindung sogar beenden können.

Denn deine persönliche Weiterentwicklung sollte nicht aus falscher Rücksichtnahme eingeschränkt werden. Das ist weder dir gegenüber noch der anderen Person gegenüber fair.

Oft sind wir nur darauf ausgerichtet, wie wir es der anderen Person recht machen können, wie wir uns anpassen können, damit es ihr gut geht, damit der Kontakt angenehm ist, damit sie uns mag – aber es lohnt sich auch, die Perspektive zu ändern: Was tut mir gut? Wie ist dieser Kontakt für mich? Kann ich wirklich ich selbst sein? Werde ich respektiert mit meinen Ideen und Werten, oder muss ich mich dafür erst anpassen und komplett verstellen?

Gerade diejenigen unter uns, die gelernt haben, es jedem recht machen zu wollen, müssen da vielleicht über ihren Schatten springen. Grenzen zu setzen ist jedoch eine wichtige Fähigkeit, die dir hilft, dein neues Glück zu schützen.

Bewahre Contenance und bleibe höflich – aber mehr bist du den anderen nicht schuldig! Du musst dich nicht anpassen, du musst dich nicht abwerten und du musst dein Glück schon gar nicht verstecken, nur damit dich die anderen mögen.

Eine ähnliche Haltung kann am Arbeitsplatz angebracht sein. Vermeide die persönlichen Themen und stelle bestimmte Themen einfach nicht zur Diskussion. Hast du dich beispielsweise dafür entschieden, keinen Alkohol mehr zu trinken, sprich nicht darüber, sondern bestelle beim Geschäftsessen einfach Wasser. Kommt ein Spruch, ignoriere ihn. Auch hier gilt: Du musst es den anderen nicht recht machen und du musst dich auch nicht erklären. Warum du etwas tust, geht nur dich etwas an. Wenn klar ist, dass die anderen nicht wirklich an deinen Beweggründen interessiert sind, sondern nur ein Gesprächsthema suchen, tue ihnen nicht den Gefallen und biete ihnen keine Vorlage. Schweige stattdessen.

Du weißt, warum du etwas tust und du bist nicht auf die Bestätigung anderer Menschen angewiesen.

Trotzdem ist es natürlich schön, wenn du auch ein Gegenüber hast, das sich mit dir auf Augenhöhe befindet.

Kontakt zu Gleichgesinnten zu suchen, ist ein toller Weg, um die Sachen, die du in deinem Leben neu integriert hast, zu verankern. Vielleicht gibt es einen Achtsamkeitskurs in deiner Nähe, wo du andere Menschen kennenlernen kannst, die sich mit der Thematik beschäftigen. Ihr könnt euch dann wunderbar über Stolpersteine austauschen, gemeinsam über Missgeschicke lachen, euch über Erfolge freuen und zusammen die Zeit genießen.

Es gibt zahlreiche Möglichkeiten, andere Leute mit gleichen Interessen kennenzulernen – entweder bei einem Kurs oder bei einem Vortrag, auf themenrelevanten Festen oder Messen oder über entsprechende Kontaktbörsen.

Wohnst du sehr ländlich, besteht natürlich die Möglichkeit, dass in deiner näheren Umgebung keine Menschen wohnen, die deine Interessen teilen. In diesem Fall kannst du auch auf die neuen Medien zurückgreifen: Es gibt diverse Foren, Blogs und Internetseiten, die dir Informationen rund um die Themen Glück, Achtsamkeit und Flow zur Verfügung stellen und dir zudem die Möglichkeit bieten, mit anderen Interessierten in Kontakt zu treten.

Ein regelmäßiger Austausch über Messenger, E-Mail oder auch ganz altmodisch per Brief oder Telefon, kann ebenso sehr bereichernd sein und dir die nötige Motivation geben, wenn es in deinem direkten realen Umfeld überwiegend Leute gibt, die sich mit deinem neuen Weg eher schwer tun.

Austausch tut gut, er macht Mut und er kann unheimlich bereichernd sein. Du hast die Chance, zu lernen, wie andere mit bestimmten Situationen umgehen, wie sie sich und ihr Lebensglück durchsetzen und es im Notfall auch verteidigen.

Ganz besonders schön dabei ist, dass ihr zusammen lachen, feiern und euer Glück und eure Freude gemeinsam zelebrieren und voll auskosten könnt. Bei Bedarf könnt ihr den jeweils anderen animieren, um den nötigen Schritt aus der Komfortzone herauszutreten oder um ihm im richtigen Moment zuzujubeln und anzufeuern, damit er sein Ziel erreicht und ihr dann zusammen den Triumph genießen könnt.

Schließlich hat Glück eine ganz besonders tolle Eigenschaft: Es verdoppelt sich, wenn man es teilt!

Dieses Thema ist ein sehr sensibles – gib dir daher ruhig eine kleine Verschnaufpause, bevor du die folgenden Fragen beantwortest:

- Gibt es Leute in deinem Leben, die ständig alles schlecht reden, egal, was du erzählst?

- Warum hältst du an Menschen fest, bei denen dir klar ist, dass sie dir nicht gut tun?

- Gibt es Menschen, von denen du dir manchmal eine Pause gönnst?

- Wie würdest du dich in dieser Pause fühlen? Was würdest du anders machen, wenn du nicht das Urteil dieser Person fürchten müsstest?

- Gibt es die Möglichkeit, Abstand von bestimmten Personen zu nehmen, wenn du den Kontakt nicht gleich abbrechen möchtest?

- Was müsste passieren, damit du den Kontakt zu einem Menschen einstellst?

- Hast du Schwierigkeiten, Menschen zu finden, die deine Lebensauffassung teilen?

- Gibt es andere Möglichkeiten, Gleichgesinnte kennenzulernen, die du vielleicht nur noch nicht in Erwägung gezogen hast?

Teilen, ohne zu verurteilen – die goldene Mitte

Doch nicht immer sind die Mitmenschen daran interessiert, deine neuen Erkenntnisse und Erfahrungen mit dir zu teilen.

Du kennst das vielleicht selbst: Da war doch diese eine Kollegin, die diese Detox-Kur gemacht hat. Sie war so begeistert von dem Programm, dass sie ständig und überall davon geredet hat, wie gut ihr das Ganze tut, wie viel gesünder und glücklicher sie ist und dass du das unbedingt auch mal probieren solltest.

Das war ja auch ganz nett, weil du dich für sie gefreut hast, dass es ihr so gut damit geht. Aber du selbst hattest zu dem Zeitpunkt gar kein Interesse daran, eine neue Ernährungsform auszuprobieren. Und du wolltest auch keine Entschlackungskur oder ähnliches machen. Du wolltest nur in Ruhe dein Mittagessen zu dir nehmen – und zwar mitsamt der Kohlenhydrate im Hauptgericht und im abschließenden Dessert! Und das am besten ohne jemanden, der die ganze Zeit davon erzählt, wie schädlich das doch ist.

Das hat nach zwei, drei Malen ganz schön genervt, oder?

Das lag einerseits daran, weil du dich schlecht gefühlt hast, dass du deinem Gegenüber kein guter Spiegel zum Ausleben der Begeisterung sein konntest. Andererseits lag es daran, dass die Wiederholungen und dieses ungute Gefühl des Aufdrängens von etwas, das gerade keine Priorität in deinem Leben hat, immer als Unterton mitschwangen.

Die Gefahr des „Abarbeitens" an anderen und auch die Gefahr, dass dein Mitteilungsdrang und dein Bestreben, andere mitzureißen, als Missionieren empfunden werden kann, ist ebenfalls groß.

Einerseits kannst du all diese positiven Veränderungen bei dir selbst beobachten: Du bist ausgeglichener, zufriedener, allgemein einfach glücklicher. Insgesamt geht es dir, trotz aller Einwände und Einschränkungen, immer noch richtig gut! Und du möchtest natürlich auch, dass es deinen Liebsten gut geht. Was läge also näher, als ihnen von deinen Erlebnissen zu erzählen, ihnen Hilfestellung zu geben, ihnen die passenden Bücher zu leihen oder Ratschläge zu geben?

Es ist ganz verständlich, dass du möchtest, dass es deinen Herzensmenschen gut geht. Jeder von uns wünscht sich das von Herzen. Und es ist sehr schwer, dabei zuzuschauen, wie sich jemand, den man liebt, auf eine Weise verhält, die seiner mentalen oder körperlichen Gesundheit abträglich ist.

Da ist die Gefahr des schnellen Helfens besonders groß. Du, als mitfühlender Mensch, möchtest intervenieren, unterstützen, eingreifen – auch wenn du gar nicht um Hilfe gebeten wurdest.

Natürlich besteht die Möglichkeit, dass dein Gegenüber noch gar nicht erkannt hat, dass er ein ungesundes Verhalten an den Tag legt. Dann kann es schon sehr hilfreich sein, wenn uns jemand auf etwas aufmerksam macht und uns gegebenenfalls mit nötigen Informationen versorgt, wenn wir Unterstützung benötigen.

Wenn wir ehrlich sind, ist dies aber äußerst selten der Fall. Meistens mangelt es uns weder an den nötigen Informationen noch an der Einsicht, dass wir etwas ändern müssen. Aber die Hürde ist aus unterschiedlichsten Gründen aktuell zu hoch für uns.

Wie lange hast du über deine Themen nachgedacht, bis du etwas ändern konntest?

Behalte dies immer im Hinterkopf, wenn du andere Menschen ungefragt unterstützen möchtest.

Ein aufmerksames und umsichtiges Miteinander und Hilfsbereitschaft sind natürlich immer schön – aber im falschen Maß dargeboten, können sie die andere Person auch überfordern, frustrieren oder in eine Position drängen, in der sie nicht sein möchte.

Zudem müssen wir es immer akzeptieren, wenn jemand sich nicht helfen lassen möchte, weil er oder sie an alten Wegen festhalten will, auch wenn alle wissen, dass dies der Person nicht gut tut.

Dies zu akzeptieren ist nicht immer leicht – vor allem, wenn man bei sich selbst so positive Entwicklungen bemerken kann.

Aber wenn du es schaffst, die Grenzen, die dir dein Gegenüber aufzeigt, zu wahren – genauso, wie du es dir auch von deinen Mitmenschen wünschst – kommst du auch nicht in die Bedrängnis, dich unnötig an anderen abzuarbeiten. Du kannst deine Hilfe anbieten, du kannst auf Hilfegesuche eingehen – aber du kannst auch akzeptieren, wenn deine Hilfe nicht gewollt oder ordentlich angenommen wird und dich dann wieder um etwas anderes kümmern.

Zudem rutschst du so nicht in die unangenehme Art des Missionierens. Es ist natürlich verständlich, dass du gerne über etwas reden möchtest, was dich aktuell bewegt und sich so gut für dich anfühlt. Aber respektiere auch, wenn jemand anderes dieses Thema gerade nicht ansprechen möchte oder nicht allzu lange dabei verweilen will.

Bei sich zu bleiben und Wege zu finden, die Begeisterung auszuleben, ohne anderen das Thema aufzudrängen, ist daher sehr wichtig.

Schließlich möchtest du auf deinem Glücksweg nicht versehentlich andere Leute verletzen oder nerven.

Zudem macht es dich viel selbstbestimmter und unabhängiger, wenn du deine Motivation aus dir selbst schöpfen kannst.

Natürlich ist es leichter, sich durch die Stimmung anderer Menschen mitreißen zu lassen.

Aber du hast es selbst geschafft, einen so klaren Sinn in deinem Weg zu sehen und du hast Ziele vor Augen, die du anstreben und verwirklichen kannst. Daher darfst du die beglückende Erfahrung machen, frei und flexibel zu sein und dir selbst ein kleiner Glücksquell zu werden.

Kapitel 6 –
Mach dich auf den Weg!

„Es gibt keinen Weg zum Glück. Glücklichsein ist der Weg." - Siddhartha Gautama Buddha

Genau wie Buddha es sagte, ist Glücklichsein der Weg, den du bewusst einschlagen kannst. Dieses Buch hat dich ein Stück auf deinem neuen Weg begleitet und dir hoffentlich einige hilfreiche Impulse geben können:

Zusammen haben wir überlegt, wohin deine Reise gehen sollte und wie du dich dem Glück zuwenden kannst, wenn du dich bewusst dafür entscheidest, deinen Fokus auf das Hier und Jetzt zu legen.

Verschiedene Fragen sollten dich dabei unterstützen dir klar zu machen, was du möchtest und was du bisher in deinem Leben vermisst. Dabei wurde versucht, dir bewusst zu machen, was dir persönlich zum Glück fehlt und was Glück für dich überhaupt bedeutet. Du hast die Erkenntnis erhalten, dass Glück zwar universell erlebbar, aber sehr unterschiedlich wahrgenommen werden kann.

Die Hinweise auf sogenannte falsche Fünfziger und das verlockende „schnelle Glück" konnten dir möglicherweise weiterhelfen. Auch die Gedanken dazu, ob du in schwierigen Lebenssituationen überhaupt so etwas wie Glück erleben kannst, ob du Glück erleben darfst und welche Möglichkeiten du hast, dich dem Glück zu nähern, haben dir einige Anreize geben können. Du hast ganz konkrete Tipps, Anregungen und Hinweise bekommen, wie du deine Schritte in ein glückliches Leben gestalten kannst. Noch bestehende Steine und andere Hindernisse aus dem Weg zu räumen, war ein erster wichtiger Schritt, um sich anschließend auf das Hier und Jetzt konzentrieren zu können! Immer mit dem Wissen im Hinterkopf, dass die Themen stets wieder aufkommen können und eine permanente Weiterarbeit an dir selbst hilfreich ist, du dich jedoch nicht nur auf diese Aspekte konzentrieren solltest!

Sich ganz bewusst für das Glücklichsein zu entscheiden, ist ein mutiger Schritt, der Eigenverantwortung und das Überdenken alter Glaubensmuster erfordert. Sich dessen bewusst zu machen, dass es Stolperfallen von außen gibt, die bei der Kultivierung von guten Gefühlen lauern, hilft dir, wahrzunehmen, wo du selbst stehst und welche Ressourcen dir zur Verfügung stehen. Diese Stolperfallen können sich durch innere Grundsätze, Stress, Zeitmangel, Gewohnheiten, mangelnde Disziplin oder die romantische Vorstellung, positive Gefühle würden einem zufallen, bemerkbar machen.

Du hast für dich entdecken können, auf welche Stolperfallen du möglicherweise anfälliger reagierst und wo noch Lernaufgaben auf dich warten. Aber du hast auch erkennen können, dass du bestimmte Schwierigkeiten schon jetzt gut meisterst und diese für dich im Alltag eigentlich gar kein Thema mehr sind.

Du hast gelernt, wie du deine bewusste Entscheidung zum Glücklichsein mit Achtsamkeit und dem konstruktiven Umgang mit äußeren Einflüssen, die dich von deinem neuen Weg abbringen könnten, stärken und umsetzen kannst.

Sowohl das Konzept der Achtsamkeit als auch das Konzept des Flow können dir im Alltag dabei helfen, dass das Glück ein fester Bestandteil und langfristiger Begleiter deines eigenen Lebensweges wird. Mögliche Gefahren, wie das Vergessen der Zukunft oder das Ignorieren der Vergangenheit, hast du kennengelernt, damit du sie wahrnimmst, wenn du lernst im Hier und Jetzt zu leben. Du weißt jetzt, dass dies keinesfalls bedeutet, dass du dich für ein Leben nach dem reinen Lustprinzip ohne Verantwortung und Ziele entscheidest, sondern dass es sich um eine Chance für ein erfülltes Leben handelt.

Die Übungen und Ideen des Flow-Konzeptes sowie deine Achtsamkeitspraxis kannst du wie Werkzeuge eines Werkzeugkoffers betrachten, die du dir bei Bedarf heraussuchen und anwenden kannst, sei es im Alltag bei der Arbeit, am Wochenende im Privaten oder auch, wenn du dich in einer Krisensituation befindest.

Du weißt jetzt, wie du jeden Augenblick leben und erleben kannst, indem du das Jetzt in den Vordergrund stellst. Du kannst deinen neuen Weg selbstbewusst und unbeirrt gehen, denn eventuell auftretende Hindernisse, wie Missgunst, Neid, Angst oder Unsicherheit, die dich von deinem neuen Weg abbringen könnten, tangieren dich nicht.

Letztlich bist du in der Lage zu verstehen, warum andere Menschen möglicherweise negativ auf deine positiven Veränderungen reagieren und welche Möglichkeiten du im Umgang mit diesen Reaktionen hast, ohne dich davon demotivieren oder von deinem Weg abbringen zu lassen.

Auf deinem Weg werden dir immer wieder Herausforderungen und Modifikationen begegnen. Aber du weißt, dass du nur die richtige Perspektive einnehmen musst, um dich von diesen nicht überwältigen zu lassen. Du gestehst dir Emotionen wie Trauer, Neid, Gram oder Frustration und Wut selbstverständlich zu und hältst nicht verkrampft an einem blinden Positivismus fest. Aber du weißt auch, dass das Lernen und die Veränderungen stetige Begleiter deines Lebens sind und dass du das Glück im Hier und Jetzt mit der richtigen Einstellung und den passenden Überzeugungen, Gedanken und Handlungen kultivieren kannst, unabhängig von der Gesamtsituation.

Deine Motivation, das Glück mit deinen Liebsten unvoreingenommen zu teilen, ohne sie zu missionieren oder ihnen deine eigene Entwicklung aufzudrängen, wird dich zusätzlich dabei unterstützen, an deinem neuen Weg festzuhalten.

Sei stolz auf dich, dass du diesen mutigen Schritt in dein neues Leben gegangen bist und gönne dir immer wieder Momente, um die Veränderung bewusst zu spüren. Nimm dir Zeit, Dankbarkeit und Achtsamkeit zu zelebrieren, um diese auch im stressigen Alltag in deinem Bewusstsein zu halten und genieße die Früchte, die diese Arbeit tragen wird!

Es ist ein ganz wunderbarer Moment, wenn du dich in deinem jetzigen Leben komplett angekommen fühlst und wenn du merkst, dass du viele deiner Einstellungen und Sichtweisen ändern konntest und endlich die Verantwortung für deine bewussten Gedanken übernommen hast. Es ist herrlich zu spüren, wie leicht du den Moment genießen kannst und dass dein Leben immer wieder von Flow-Erlebnissen getragen wird. Die Chance, durch deine neue Herangehensweise deine Lebenszeit tatsächlich für die Menschen und Aktivitäten zu verwenden, die dir am Herzen liegen, wird für eine ganz eigene Form der Lebensqualität sorgen. Freue dich darauf, deine Zeit bewusst und selbstbestimmt zu gestalten, Freude an Unternehmungen mit der Familie und den kleinen Dingen des Lebens zu haben und dich durch deine sprühende Lebensfreude insgesamt lebendiger zu fühlen!

Herzlichen Glückwunsch zu deinem neuen Lebensglück! Genieße es in vollen Zügen – vollmundig, laut und bunt!

Geschenk #1 - Zitatesammlung

Vielen Dank noch einmal für den Erwerb dieses Buches. Als zusätzliches Dankeschön erhältst du von mir **zwei E-Books**, als Bonus, und völlig gratis.

Das erste Bonusheft beinhaltet eine Sammlung an schönen, motivierenden und Mut machenden kleinen Geschichten und Zitaten, die dich auf deinem täglichen Weg zu einem erfüllten Leben begleiten können. Finde darin deine Lieblingszitate, die du dir immer wieder als kleine Erinnerungen, Richtungsweiser und Mutmacher zur Hand nehmen kannst.

Du kannst das Bonusheft folgendermaßen erhalten:

Öffne ein Browserfenster auf deinem Computer oder Smartphone und gib Folgendes ein:

stefanielorenz.com/bonus1

Du wirst dann automatisch auf die Download-Seite weitergeleitet.

Bitte beachte, dass dieses Bonusheft nur für eine begrenzte Zeit zum Download zur Verfügung steht.

Alternativ kannst du auch diesen QR-Code einscannen:

Geschenk #2 - Entspannung im Alltag

In diesem zweiten Bonusheft findest du verschiedene Entspannungsmethoden, Meditationsideen und Affirmationen, die dich darin unterstützen können, wieder zu dir selbst zu finden. Mit diesen Methoden kannst du neue Kraft tanken, dich auf deine eigenen Stärken besinnen und aus dem Hamsterrad deiner Gedanken und den Anforderungen von außen aussteigen.

Öffne ein Browserfenster auf deinem Computer oder Smartphone und gib Folgendes ein:

stefanielorenz.com/bonus2

Du wirst dann automatisch auf die Download-Seite weitergeleitet.

Bitte beachte, dass dieses Bonusheft nur für eine begrenzte Zeit zum Download zur Verfügung steht.

Alternativ kannst du auch diesen QR-Code einscannen:

Eine kleine Bitte

Liebe Leserin,

lieber Leser,

nun sind wir am Ende dieses Buches angelangt. Ich hoffe sehr, dass ich dir weiterhelfen und positive Veränderungen in dein Leben bringen konnte.

Als Autorin ist es mir sehr wichtig, Bücher zu schreiben, die Menschen wirklich helfen. Konstruktives Feedback meiner Leserinnen und Leser hilft mir am meisten dabei meine Werke immer weiter zu verbessern.

Falls du mir also persönliches Feedback oder Verbesserungsvorschläge zum Inhalt geben möchtest, dann schreibe mir gerne unter info@stefanielorenz.com. Ich freue mich über jede E-Mail und werde zeitnah antworten.

Für den Fall, dass dir mein Buch wirklich geholfen hat und du sonst keine Fragen hast, dann würde ich mich freuen, wenn du eine positive Rezension für mein Buch auf Amazon hinterlassen kannst. Es dauert wirklich nur wenige Sekunden und du hilfst anderen Menschen und mir ungemein.

Ich weiß all deine Liebe und Unterstützung wirklich zu schätzen.

Falls noch Fragen offen sind, einfach bei mir melden!

Stefanie

Quellen und weiterführende Literatur

Achor, S. (2018). *The Happiness Advantage: How a Positive Brain Fuels Success in Work and Life*. Currency.

Blickhan, D. *Dankbarkeit macht glücklich*. https://www.positivepsychologie.eu/sites/default/files/ja-magazin_18-19.pdf

Brahm, A. (2015). *Der Elefant, der das Glück vergaß: Buddhistische Geschichten, um Freude in jedem Moment zu finden*. Lotos.

Chiwakata, M. (2020). W*arum Gärtnern gesund ist und uns glücklich macht*. Die Techniker. https://www.tk.de/techniker/magazin/lifestyle/urban-gardening/gaertnern-gesund-gluecklich-2023754

Croos-Müller, C. (2015). *Kraft: Der neue Weg zu innerer Stärke. Ein Resilienztraining*. Kösel-Verlag.

Csikszentmihalyi, M. (2017). *Flow. Das Geheimnis des Glücks*. Klett-Cotta Verlag.

Cutler, L. H. D. C. (2012). *Die Regeln des Glücks*. Herder Verlag GmbH.

Dammann, W. & Verlag Herder. (2016). *Was mir guttut, wenn's mir schlecht geht.* Herder.

Drolshagen, E. (2019). *Losgelöst im Flow der Nadeln.* Psychologie Heute. https://www.psychologie-heute.de/gesundheit/artikel-detailansicht/39673-losgeloest-im-flow-der-nadeln.html

Gätjen, H. (2015). *Glück: Sieben Faktoren, die Lebensfreude bestimmen.* Hamburger Abendblatt, Hamburg, Germany. https://www.abendblatt.de/vermischtes/journal/article108603394/Glueck-Sieben-Faktoren-die-Lebensfreude-bestimmen.html

Gregory, A. (2013). What is This Thing Called Happiness? by Fred Feldman. *Mind, 122*(487), 820–823. https://doi.org/10.1093/mind/fzt092

Haidt, J. (2006). *The Happiness Hypothesis: Finding Modern Truth in Ancient Wisdom.* Basic Books.

Kirch, D. (2020). *Den Bodyscan verstehen und richtig üben.* DFME | Deutsches Fachzentrum für Achtsamkeit. https://dfme-achtsamkeit.de/bodyscan-mbsr-lieben-lernen/

Langenscheidt, F. (2014). *Langenscheidts Handbuch zum Glück.* Heyne Verlag.

Lyubomirsky, S. (2008). *The How of Happiness: A New Approach to Getting the Life You Want.* Penguin Books.

Mannschatz, M. (2011). *Mit Buddha zu innerer Balance: Wie Sie aus der Achterbahn der Gefühle aussteigen.* Graefe und Unzer Verlag.

Mauss, I. B., Tamir, M., Anderson, C. L., & Savino, N. (2011). "Can seeking happiness make people unhappy? Paradoxical effects of valuing happiness": Correction to Mauss, Tamir, Anderson, and

Savino (2011). *Emotion*, 11(4), 767. https://doi.org/10.1037/a0024986

Mogilner, C., Aaker, J. L., & Kamvar, S. (2011). How Happiness Affects Choice. *SSRN Electronic Journal*. Published. https://doi.org/10.2139/ssrn.1952193

Pasricha, N. (2016). *The Happiness Equation: Want Nothing + Do Anything=Have Everything*. G.P. Putnam's Sons.

Paul, A. (2016). *Die Kraft der Selbstheilung*. Beltz Verlag.

Progressive Muskelentspannung. Neurologen und Psychiater im Netz. https://www.neurologen-und-psychiater-im-netz.org/psychiatrie-psychosomatik-psychotherapie/therapie/entspannungsverfahren/progressive-muskelentspannung/

Ricard, M. (2009). *Glück: Mit einem Vorwort von Daniel Goleman*. Knaur MensSana TB.

Ricard, M., & Goleman, D. (2007). *Happiness: A Guide to Developing Life's Most Important Skill*. Little, Brown and Company.

Statista. (2018). *Umfrage zur Bedeutung von Glück in Deutschland im Jahr 2016*. https://de.statista.com/statistik/daten/studie/596669/umfrage/bedeutung-von-glueck-in-deutschland/

Tamir, M., Schwartz, S. H., Oishi, S., & Kim, M. Y. (2017). The secret to happiness: Feeling good or feeling right? *Journal of Experimental Psychology: General, 146*(10), 1448–1459. https://doi.org/10.1037/xge0000303

Weidlich, A. (2019). *Der geile Scheiß vom Glücklichsein: Wie man das Glück nicht sucht und trotzdem findet*. MVG Moderne Vlgs. Ges.

www.ingramcontent.com/pod-product-compliance
Lightning Source LLC
Chambersburg PA
CBHW051025030426
42336CB00015B/2720